Peter Schaller

•

Entdeckung für Andersreisende: die Kapverdischen Inseln

W0109941

Inhaltsverzeichnis

Kap Verde – ein Archipel für Entdecker

Ende August 1999 landete ich mit Angelika, meiner Frau und Mitarbeiterin, auf dem Flughafen von Praia, der Hauptstadt von Kap Verde. Die Insel Santiago leuchtete in braunen und grauen Farben, und sie war steinig und trocken. Diese Felsmasse im Atlantik sollte für die nächsten zwei Jahre unsere Heimat sein.

Die neue Umgebung war zunächst spröde wie alle kargen Landschaften. Aber schon die ersten Fahrten und Wanderungen auf Santiago verdeutlichten die Faszination der vulkanischen Welt. Besuche der anderen Inseln zeigten eine landschaftliche Vielfalt, die man auf diesem kleinen Raum so nicht erwartet, und das tägliche Leben brachte uns in Berührung mit einer Gesellschaft, die der in Städten, Ballungsräumen und Großorganisationen sozialisierte Europäer auf seinem Kontinent kaum noch findet.

Die geringe Bevölkerungszahl von unter einer halben Million, verteilt auf neun Inseln, und die überschaubaren Dimensionen des Archipels mit einer Gesamtfläche von nur etwas mehr als viertausend Quadratkilometern bestimmen eine Gesellschaft, in der man sich mit dem Vornamen statt dem Familiennamen anredet, wo der Familienverband die maßgebliche gesellschaftliche Organisationsform ist und in der Effektivität und Rentabilität noch nicht die beherrschende Rolle wie in Westeuropa spielen.

Zwar ist Kap Verde kein von der Welt und ihren Trends abgeschlossenes Paradies, aber speziell die wenig besiedelten Inseln haben sich einen Charakter bewahrt, der trotz Elektrizität und Automobil mehr auf die Anfänge des letzten Jahrhunderts als auf die jetzige Epoche verweist.

Der an Baudenkmälern, Theatern, Museen und städtischer Kultur interessierte Tourist wird allerdings in Kap Verde kaum fündig. Es gibt keine herausragenden Schöpfungen der materiellen Kultur. Das tägliche Leben der Menschen, der Gang durch die unscheinbaren Dörfer und Städte, die vielen Kleinigkeiten des Alltags, Stille und Weite, eine bizarre Landschaft und der Einklang von Meer, Sonne, Wind und Gestein sind die Reize der Inselwelt. Die große kulturelle Leistung der Menschen besteht darin, auf diesen unwirtlichen und harten Inseln überlebt zu haben.

Mein Ziel ist nicht, im Stile eines Reiseführers ein möglichst komplettes Bild über Kap Verde zu vermitteln. Meine Auswahl ist subjektiv, aber von dem Bestreben geleitet, die Vielfalt des Archipels wie auch die Besonderheiten der einzelnen Inseln zu verdeutlichen. Enzyklopädische Vollständigkeit ist nebenrangig, wenn es um das Wesentliche und Charakteristische geht.

Ganz weglassen habe ich den Bereich der kapverdischen Musik, für die ich mich nicht kompetent fühle. Die kapverdischen Produktionen, die im Ausland eingespielt werden, kann man in ganz Europa kaufen. Jeder kann selbst hören, ob ihm diese Musik gefällt oder nicht. Die Musik ist häufig der erste Berührungspunkt von Europäern mit Kap Verde. Aber man muß sie im Lande erleben und sehen, wie sie die Menschen mit ihrem Rhythmus und ihrem Gefühl erfaßt, um zu erkennen, welch eine Bedeutung sie in der kapverdischen Kultur spielt. Kap Verde ist ohne seine Musik undenkbar.

Kap Verde geriet vor über fünfhundert Jahren in den Gesichtskreis Europas und stand seitdem unter europäischem Einfluß, aber es ist in Europa fast unbekannt. Nicht nur politische und wirtschaftliche Macht oder die Medien bestimmen heutzutage das Bild und den Bekanntheitsgrad eines Landes. Genauso wichtig ist die Präsenz in den Katalogen der Touristikunternehmen und Reiseveranstalter und die Möglichkeit, dort seinen Urlaub zu verbringen. In der weltumspannenden Tourismuskultur, die jährlich Hunderte von

Millionen Menschen in alle Winkel der Erde führt, ist der Archipel bislang eine verschwindend kleine Größe.

Touristisch ist Kap Verde weitgehend unerschlossen. Die Besucherzahlen sind klein, international unbedeutend und auch im nationalen Rahmen noch ohne besonderes Gewicht. Aber dies kann sich schnell ändern: Seit einiger Zeit liegt der Archipel im Visier europäischer Reiseunternehmen und Hotelgesellschaften, die auf der Suche sind nach neuen Zielen und Angeboten. Die Besucherzahlen steigen. Der Archipel hat das Potential, ein neuer touristischer Schwerpunkt in Westafrika zu werden.

Diese wahrscheinliche Entwicklung hat zwei Seiten: Der Tourismus ist auf absehbare Zeit die einzig realistische Chance des Landes, sich wirtschaftlich stärker auf eigene Füße zu stellen, aber diese von Europa dominierte Entwicklung wird die Sozialstruktur und das Erscheinungsbild Kap Verdes nachhaltig verändern. Dies betrifft vor allem die Inseln, die für große Investitionen interessant sind, nämlich Sal, Boavista und Maio. Alle drei haben ausgedehnte Strände und gute natürliche Bedingungen für jede Art von Wassersport und Strandleben.

Wenn sich der Tourismus in breitem Umfang entwickelt, wird Kap Verde viel von der Ursprünglichkeit verlieren, die dieses Land aus der Menge bekannter Ziele heraushebt und die seinen Charme ausmacht. Wer sich gern abseits ausgetretener Pfade bewegt, der sollte Kap Verde jetzt besuchen, bevor die internationale Freizeitgesellschaft das Land in den Griff nimmt und nach ihren Standards nivelliert.

Ich danke meinen Freunden Beate und Peter für die Durchsicht des Manuskripts, insbesondere auch Inge für ihre Ratschläge und Anregungen, und last but not least Angelika, die mich auch bei diesem Buch in vielfältiger Weise unterstützt hat.

Kap Verde – ein Kontinent ohne Land

Meer, Sonne und Wind, vulkanisches Gestein und ein alles überlagernder Staub – dies sind die Elemente Kap Verdes. Stein und Fels sind in allen denkbaren Formen und Dichtigkeiten erstarrt und zusammengepreßt. Metallisch harte Lavasäulen wechseln ab mit bröckeligem Tuff und weichen Sedimentgesteinen. Die Farbpalette zeigt alle Variationen von schwarzblau über braun bis rostrot, einschließlich grauer, ockerfarbener und gelber Sedimente. Ganze Kapitel der Erdgeschichte liegen in Canyons und an den Flanken erloschener Vulkane offen zutage. Sand ist ein weiteres Element: Auf Inseln wie Boavista und Maio verleihen ausgedehnte Strände und riesige Dünenfelder aus hellem Sand der Landschaft etwa Weiches und Fließendes und bilden einen wirkungsvollen Kontrast zur Schroffheit des Vulkangesteins.

Die Erosion durch Wind, Temperaturschwankungen und Wasser hat in Millionen von Jahren pittoreske Landschaften modelliert. Steile Gipfel und Bergmassive wechseln ab mit flachen Plateaus, die von tief eingeschnittenen Tälern durchzogen sind. Die Plateaus sind ohne Wasser und tragen nur dort Bewuchs, wo aufgeforstet wurde. Auch die Täler, Ribeiras genannt, sind normalerweise trocken, aber im Untergrund führen sie Wasser, das sich in der Regenzeit ansammelt. Die Bewohner fördern das Wasser in Brunnen zutage, was einen ganzjährigen Ackerbau ermöglicht. In diesen Tälern wachsen Mango, Kokospalmen, Zuckerrohr, Bananen und die farbenprächtigen Flamboyants. Die Ribeiras sind grüne Oasen in einer Steinwüste. In der Regenzeit, die sich in dem Zeitraum von August bis Oktober auf kurze, aber heftige Güsse beschränkt, werden die Täler zu reißenden Flüssen, die ihre braunen und ockerfarbenen Wassermassen ins Meer ergießen.

Dürre und Trockenheit bestimmen die Landschaften und das Leben der Menschen. Ein warmer Wind bläst Tag für Tag wie ein riesiger Fön über die Inseln und trocknet alles erbarmungslos aus. Die Sonne brennt vom Himmel, und nur selten mildern durchziehende Wolken ihre Kraft. Das Jahr ist eine einzige Dürreperiode. Die Vegetation ist karg und nur dort entwickelt, wo dauernd ausreichend Feuchtigkeit auftritt. Es ist kaum zu glauben, daß Inseln, die von solch riesigen Wassermassen umgeben sind, so trocken sein können.

Aber es gibt eine Ausnahme. Einmal im Jahr zeigt die ausgedörrte Erde für wenige Wochen, daß Leben in ihr steckt. Sofort nach den ersten Regenfällen zeigt sich überall frisches Grün, das Berge, Täler und Ebenen überzieht. Es wuchert ungestüm, als sei den Pflanzen bewußt, daß ihnen nur wenig Zeit bleibt, um sich zu entfalten. Die Landschaft strotzt in fast tropischer Üppigkeit. Es ist, als ginge ein Aufatmen durch die Natur: Endlich Wasser, das langersehnte. Die Reservoire füllen sich. Die Stadtbewohner fahren auf das Land, um ein seltenes Naturereignis zu erleben: Über Nacht haben sich Wasserfälle gebildet, und die Täler sind für einige Tage rauschende Flüsse und Bäche geworden. Zwei, drei Monate nur bewahrt der durchtränkte Boden seine lebenserhaltende Kraft, dann siegen Sonne und Wind. Die Pflanzen verdorren, und das Braun der Trockenheit bestimmt wieder die Landschaft.

Kap Verde: das heißt Kargheit und Härte. Den Inseln fehlt jedes Üppige. Überall herrscht Begrenztheit. Nur Fels und Stein gibt es im Überfluß. In Armenien, einem sehr steinigen Land, erzählt man die folgende Geschichte: Als Gott die Erde schuf, trennte er Steine und Erde mit einem Sieb und verteilte beides unter den Ländern und Völkern. Als die Reihe an Armenien kam, waren nur noch Steine übrig. Bei der Erschaffung Kap Verdes, so hat es den Anschein, ließ Gott eine Handvoll großer Felsbrocken ins Meer fallen, ohne dafür zu sorgen, daß diese auch bewohnbar waren.

Wer auf den Atlas schaut und Kap Verde der grünen westafrikanischen Küste vorgelagert sieht, der ist durch die Lage und den Namen „Grünes Kap" verführt, auch auf den Inseln ein tropisches Paradies zu erwarten. Aber diese Erwartung täuscht. Kap Verde ist nicht die üppige Karibik, sondern es ist klimatisch Teil der trockenen und staubigen Sahelzone.

Man fragt sich, warum die Portugiesen diese ausgedörrten Inseln „Grünes Kap" getauft haben. In Kap Verde hört man dazu verschiedene Erklärungen. Die eine besagt, daß dieser Name von dem westlichsten Punkt des afrikanischen Festlands stammt, dem Cap Vert Senegals. Die portugiesischen Seefahrer nannten dieses Kap so, als sie nach der langen Fahrt entlang der unwirtlichen Küste des Sahel das erste Land mit Vegetation sahen, und übertrugen diesen Namen dann auf die Inseln westlich davon. Eine andere Theorie nennt als Grund die Tatsache, daß die Inseln zur Zeit der portugiesischen Entdeckung wasserreicher waren und mehr Vegetation hatten, und daß der natürliche Bewuchs im Laufe der Zeit durch Abholzen und Überweidung zerstört wurde. Andere behaupten, daß die ersten Inseln zur Regenzeit entdeckt wurden, als alles grün war.

Dies alles ist schlecht nachzuprüfen. Überhaupt sind die genauen Daten der Entdeckung des Archipels und seiner Inseln nicht auf den Tag genau bekannt. Man hat nur ungefähre Angaben durch Dokumente, die nach der Entdeckung gefertigt wurden: So verleiht z.B. ein Dekret des Königs Afonso des Fünften vom 03. Dezember 1560 die Inseln Santiago, Fogo, Maio, Boavista und Sal an seinen Bruder Fernando.

Auf Kap Verde trotzen die Menschen einer kargen und auf

den meisten Inseln lebensfeindlichen Umwelt ohne größere Bodenschätze und natürliche Ressourcen ein Leben ab, das ohne Hilfe von außen nicht gesichert werden könnte und das jahrhundertelang durch den Hungertod bedroht war. Die Geschichte der Inseln ist gekennzeichnet durch Hunger, der jedes Jahr eintreten konnte, wenn der Regen ausblieb, und durch eine massive Auswanderung, mit der die Menschen der tödlichen Gefährdung ihrer Existenz und der Enge und Beschränktheit des täglichen Lebens entflohen. Das Leben auf dem Lande ist eintönig und anstrengend. Die Bauern sind in der bergigen Landschaft mit ihren kleinen Feldern und bei der allgemeinen Rückständigkeit auf Handarbeit angewiesen. Maschinen sind kaum vorhanden und könnten auch kaum eingesetzt werden.

Kap Verde: Das ist die Welt der starken Kontraste und kräftigen Eindrücke. Die intensive Sonneneinstrahlung und die Meeresluft, die frei ist von Verschmutzung, sorgen für ungewöhnlich intensive und klare Farben. Das Meer ist bei wolkenlosem Himmel makellos blau. Felsformationen und Bergketten liegen wie im Lichtkegel eines Halogenscheinwerfers scharf und plastisch in der Sonne. Der weiße Schaum der Brandungswellen bildet einen wirkungsvollen Kontrast auf schwarzem Vulkansand und an dunklen Klippen, und die roten Dächer der kleinen Bauerngehöfte leuchten aus grünen Maisfeldern wie Orientierungsmarken. Es gibt auf den Inseln kaum einen Punkt, wo man nicht das glitzernde Meer sieht, die Brandung des Atlantik hört oder die salzige Meeresluft schmeckt. Die Gegensätze im Erscheinungsbild der Landschaft sind über das Jahr ungewöhnlich. Die Regenzeit überzieht die Inseln mit einem üppigen Grün und schafft die Illusion eines fruchtbaren Paradieses, das aber nur von kurzer Dauer ist und bald wieder in flimmernder Hitze vertrocknet und erstarrt.

Das ganze Jahr über herrschen angenehme sommerliche Temperaturen, die nur in der Zeit von Juli bis September hin und wieder über die Marke von dreißig Grad hinausgehen. Die durchschnittliche Jahrestemperatur liegt um 25 Grad. Fast immer weht Wind, meist aus Nordosten. Es lohnt sich nicht, in Kap Verde auf das Thermometer zu schauen: Die Zeiger liegen wie festgeklebt Tag für Tag in demselben Bereich. Am angenehmsten sind die Wintermonate: Die Temperaturen steigen selten über 26 Grad, in den Nächten kühlt es sich auf 20 Grad ab, die Luftfeuchtigkeit ist niedrig, und die klare Atmosphäre ermöglicht beeindruckende Fernsichten.

Kap Verde: das ist Abgeschiedenheit. Mitten im Atlantik, fünfhundert Kilometer vom afrikanischen Kontinent entfernt, liegen die Kapverden abseits der großen Verkehrs- und Warenströme und der weltbestimmenden Entwicklungen. Die internationale Politik nimmt das Land kaum zur Kenntnis, und es gerät auch nicht – Gott sei Dank! – durch Bürgerkriege, Seuchen oder Naturkatastrophen in die Schlagzeilen. Selten genug, daß ein Normalbürger mit dem Namen der Hauptstadt Praia etwas anfangen kann. Wer auf die Frage nach der geographischen Lage nicht passen will, der tippt auf eine Stadt in Portugal oder vielleicht Brasilien. Der eine oder andere Tourist oder Geschäftsmann mag den Archipel besucht haben, Flugkapitäne und Seeleute können die Inselgruppe lokalisieren, ansonsten aber existiert Kap Verde kaum im allgemeinen Bewußtsein.

Abgeschiedenheit trotz moderner Verkehrsmittel und Kommunikationsmöglichkeiten: Kap Verde ist Bestandteil des vielbeschworenen globalen Dorfes, aber es ist kein wirklicher Akteur, sondern hauptsächlich Empfänger. Es produziert keine Nachrichten. Mit einer Einwohnerzahl von unter einer halben Million und einem winzigen Territorium, einer schwachen Volkswirtschaft und prekären Lebensgrundlagen ist das Land vollauf damit beschäftigt, in den großen Umwälzungen der Gegenwart zu bestehen und sich Gehör zu verschaffen.

Das war nicht immer so. Über gewisse Epochen ihrer Geschichte waren die Inseln Knotenpunkt des Verkehrs und des Austausches in dem riesigen Raum, den der Atlantik und die ihn begrenzenden Kontinente bilden. Aber auch hier waren sie letztlich nur Spielball von Entwicklungen in anderen Regionen, von denen die Inseln eine Zeitlang profitierten, die sie aber nicht mitgestalten konnten.

Nach der Entdeckung Amerikas war Kap Verde ein wichtiger Stützpunkt auf dem Weg nach Westen, speziell nach Südamerika. Damals konzentrierte sich der Verkehr auf der Insel Santiago, genauer gesagt in Cidade Velha, der ersten europäischen Stadt in Afrika. Cidade Velha war zu dieser Zeit eine bedeutende Brücke zwischen Europa und dem neu entdeckten riesigen Kontinent.

Mit der Entwicklung der Dampfschiffahrt entstand Bedarf an Stationen, auf denen die Schiffe Kohle laden konnten. Auch für diesen Zweck lag Kap Verde günstig. Der perfekt geformte Hafen von Mindelo auf São Vicente wurde in der Mitte des 19. Jahrhunderts für etwa einhundert Jahre der Dreh- und Angelpunkt des Seeverkehrs nach Südamerika und Südafrika. Hier lagen die unverzichtbaren Kohlebunker. Eine Monographie der portugiesischen Kolonien aus dem Jahre 1918 berichtet, daß damals mehr als 2.000 Schiffe jährlich den Hafen anliefen. Man begann auch, Kap Verde als Relaisstation der interkontinentalen Telegrafenkabel zu nutzen, die auf dem Meeresboden verlegt wurden. In den dreißiger Jahren des letzten Jahrhunderts liefen Kabel von São Vicente über die Azoren und Madeira nach England und Portugal, nach Pernambuco und anderen brasilianischen

Häfen; über Ascensión und St. Helena führte ein Kabel nach Kapstadt und über Praia nach Bathurst und Freetown. Auf São Vicente gab es auch eine drahtlose Station.

Die Blütezeit war nicht von langer Dauer. Einige Autoren sehen schon für die Zeit um die Jahrhundertwende die ersten Anzeichen für den schließlichen Niedergang Mindelos. Flüssige Treibstoffe lösten die Kohle ab und verschafften den Schiffen größere Reichweiten. Der Suezkanal wurde immer wichtiger als Verbindung nach Südafrika und Asien. Der ehemals florierende Handel Großbritanniens, der damals beherrschenden Seemacht, mit Brasilien und Argentinien wurde durch den Handel mit Kanada abgelöst. Die agrarische Subsistenzwirtschaft ersetzte schließlich die Hafenstadt-Kultur.

Dann profitierte der Luftverkehr von der geographischen Lage der Inselgruppe. Auf der Insel Sal, die kaum Erhebungen aufweist und die sich angesichts der vorherrschenden Winde günstig in Nord-Süd-Richtung erstreckt, entstand Ende der dreißiger Jahre des letzten Jahrhunderts ein internationaler Flughafen, auf dem Flugzeuge auftanken konnten. Der Flughafen hatte seine große Zeit, als während der Apartheid die südafrikanische Fluglinie wegen der Blockade der sogenannten Frontstaaten nicht direkt nach Europa fliegen konnte und als Aeroflot zu Sowjetzeiten auf der Südamerikaroute hier Zwischenlandungen einlegte.

Der Flughafen besteht heute noch und ist eine der größten Devisenquellen des Landes, aber er führt international gesehen eine Randexistenz. Gleiches gilt für Mindelo, das nicht mehr an die große Zeit der Dampfschiffe anknüpfen konnte. International haben die Kanarischen Inseln und Dakar diesen Hafen überflügelt.

Der technische Fortschritt hat die Bedeutung Kap Verdes als Brücke zwischen Ost und West stark reduziert. Schiffe und Flugzeuge sind heutzutage für große Entfernungen gebaut. Die Weiten des Atlantik sind geschrumpft. Die moderne Kommunikation über Satelliten hat die Begrenzungen der Geographie längst überwunden. Die geographische Lage, die in der Vergangenheit ein Trumpf der Inseln war, spielt heute kaum noch eine Rolle.

Die Konzentration des internationalen Verkehrs in seinen verschiedenen Formen und damit die Auswirkungen auf Kap Verde waren punktuell. Sie beschränkten sich hauptsächlich auf die betroffenen Städte. Mindelo entwickelte sich zu einer fast europäischen Stadt mit prächtigen Bauten und einer weltoffenen Atmosphäre mit einem Schuß angelsächsischen Flairs. Auf Sal entstand ein moderner Tourismus, der den Einwohnern die niedrigste Arbeitslosigkeit in ganz Kap Verde beschert. Cidade Velha profitierte lange von seinem Hafen und dem Monopol des Sklavenhandels, verlor aber im 18. Jahrhundert seine Hauptstadtrolle an Praia, das nach Erlangung der Unabhängigkeit einen bedeutenden Aufschwung erlebte.

Die einzelnen Boomphasen reichten nicht für die Entwicklung des gesamten Archipels. Die übrigen Inseln führten weiter eine Randexistenz. Zwar gab es auf der einen oder anderen Insel auch wirtschaftlich gute Zeiten, etwa auf Boavista, als dort in der ersten Hälfte des neunzehnten Jahrhunderts die Salzgewinnung florierte, aber an Inseln wie Brava, Fogo und Maio, auch Boavista und den meisten anderen, sind die letzten einhundert Jahre im großen und ganzen vorbeigegangen. Eine nachhaltige Entwicklung fand nicht statt. Kap Verdes Wirtschaftsgeschichte verlief bislang in großen Zyklen mit der Konzentration auf ein oder zwei Wirtschaftszweige. Jetzt sieht es so aus, als ob ein neuer Zyklus beginnt, nämlich der des Tourismus.

Kap Verde, das ist der Archipel der Gegensätze, die der Besucher nur dann erlebt, wenn er drei oder vier Inseln besucht. Wer sich auf die Touristeninsel Sal beschränkt, dem bleibt das meiste, wenn nicht fast alles verborgen. Kap Verde ist zwar klein und in einem normalen Atlas auf einige Punkte reduziert, aber es ist vielfältig wie ein Kontinent. Ein Kontinent ohne Raum – so nannte ein Reisebericht die Inseln.

Boavista ist mit knapp sieben Einwohnern pro Quadratkilometer und einer Gesamtzahl von etwas über 4.000 Personen fast menschenleer, und auf Maio leben nur knapp 25 Personen pro Quadratkilometer. Dagegen ist Santiago mit etwa 240.000 Einwohnern und fast 238 Personen pro Quadratkilometer recht dicht besiedelt. Auf São Vicente ist die Dichte mit fast 300 Personen pro Quadratkilometer noch höher. Die größte Stadt auf Maio ist ein Dorf, im Vergleich dazu ist Mindelo eine Metropole. São Filipe auf Fogo ist eine verschlafene Provinzstadt, die den Besucher mit ihren gut erhaltenen Stadthäusern der portugiesischen Großgrundbesitzer in das 19. Jahrhundert versetzt. Praia hat dagegen das Aussehen und die typischen Probleme einer schnell und unkontrolliert wachsenden Stadt der Dritten Welt, wenn auch in viel kleinerem Ausmaß als die bekannten Millionenstädte.

In den Dünenfeldern Boavistas wähnt man sich in der Sahara, und die Serra Malagueta auf Santiago erinnert an Gebirge in Spanien. Fogo hat an seiner Westseite Mikroklimata, die eine mediterrane Vegetation erlauben, und wer auf der Ostseite des Vulkans Pico do Fogo die tiefschwarzen Lavafelder durchquert, der genießt Blicke wie auf Hawaii. In Kap Verde scheint praktisch das ganze Jahr über die Sonne. Brava aber hat eine Besonderheit: Die Stadt Nova Sintra liegt auf 600 Meter Höhe, und der Himmel ist meist bedeckt, da sich die Wolken an den Gebirgen der Insel fangen, die fast eintausend Meter hoch sind.

Die Strände auf Boavista und Maio sind hell, fast weiß; die auf anderen Inseln glänzen in tiefstem Schwarz. Auf der Insel Santo Antão stehen Wälder, die zerklüfteten Felsmassive reichen fast bis zu einer Höhe von zweitausend Metern; Sal dagegen ist praktisch ohne natürlichen Bewuchs und nahezu flach wie ein Tisch.

Eine der besten Möglichkeiten, Land und Leute kennenzulernen, ist das Wandern. So erlebt man die Realität des Landes, die Naturschönheiten und die Lebensweise seiner Menschen buchstäblich Schritt für Schritt. Auf allen Inseln, speziell den gebirgigen, gibt es spektakuläre Routen, die jedem Vergleich mit anderen bekannten Wanderwegen in aller Welt standhalten. Vor allem Santo Antão kann mit grandiosen Panoramen aufwarten, und eine Wanderung in dem Krater von Fogo ist ein beeindruckendes Erlebnis.

Kap Verde, das bedeutet auch Stabilität. Die wirtschaftlichen und natürlichen Grundlagen des Landes sind zwar schwach, aber Kap Verde ist von den meisten Gebrechen und Gefahren verschont, die viele afrikanische Länder kennzeichnen. Wegen des trockenen Klimas gibt es kaum Krankheiten oder Seuchen, die ansonsten für die feuchtwarmen Gebiete speziell Westafrikas typisch sind. Malaria findet sich nur vereinzelt auf Santiago und dann nur in der kurzen Regenzeit. Selbst Aids ist nicht so weit verbreitet wie in anderen afrikanischen Ländern, auch wenn erkennbar ist, daß es in Zukunft eine stärkere Bedrohung sein wird. Es gibt in Kap Verde keine Schlangen, wilden Tiere oder lebensbedrohende Insekten. Dies ist eine Erleichterung für den Besucher, vor allem, wenn er sich in der freien Natur bewegt.

Kap Verde hat vor allem nicht die Stammeskonflikte des Kontinents. Die Bevölkerung ist eine Mischung von Europäern und verschiedenen westafrikanischen Völkern, die als Sklaven auf die Inseln verfrachtet wurden. Die Europäer waren nicht nur Portugiesen, sondern auch Skandinavier, Engländer, Franzosen, Spanier und Deutsche. Seefahrer, Abenteurer, Eroberer, Bauern und Händler haben über Jahrhunderte die jetzige Bevölkerung geformt. Schon in den Anfängen der Besiedlung vermischten sich die europäischen Siedler mit den schwarzen Sklavinnen. Es gibt kaum jemanden in Kap Verde, der nicht beide Farben in unterschiedlichem Mischungsverhältnis in sich trägt oder der von sich sagen könnte, daß er einem bestimmten Stamm angehört. Der Anteil der „Weißen" liegt bei knapp einem Prozent. Die Bevölkerung ist homogen, denn die ethnische Vermischung ist der gemeinsame Nenner.

Es gibt noch einen weiteren wichtigen Punkt. Nach allem, was bisher bekannt ist, waren die kapverdischen Inseln unbewohnt, als die Portugiesen dort eintrafen. Allerdings ist diese Ansicht nicht unumstritten. Es gibt Wissenschaftler sowohl des neunzehnten wie auch des letzten Jahrhunderts, die aufgrund mündlicher Überlieferung nicht ausschließen, daß es bei der Ankunft der portugiesischen Entdecker Gruppen von gestrandeten Einwohnern aus dem Gebiet des heutigen Senegal auf Santiago gegeben hat, die von den vor allem im Winter vorherrschenden und heftigen Winden nach Westen getrieben wurden. Einige vertreten die These, daß Stämme der afrikanischen Westküste sich auf dem Archipel niederließen, weil sie von dem Fischreichtum und vor allem von dem Salz der Inseln angezogen wurden, das sie gegen Gold aus Timbuktu eintauschten. Wie auch immer es gewesen sein mag, hervorzuheben ist in diesem Zusammenhang eines: Es gab keine Urbevölkerung, jedenfalls keine nachweisbare. Kap Verde trägt nicht die Hypothek anderer Staaten und Regionen, wo die europäischen Eroberer die Urbevölkerung unterjochten und dezimierten.

In Kap Verde fehlt die Häuptlings- und Clanstruktur, die in ganz Schwarzafrika das soziale Leben bestimmt, und die alle Bemühungen, demokratische und aufgeklärte Verhaltensweisen und Institutionen zu fördern, behindert.

Kap Verde hat keine religiösen Konflikte, wie etwa die zwischen Islam und Christentum in einigen afrikanischen Staaten. Neunzig Prozent der Bevölkerung sind Katholiken. Andere christliche Gruppen, wie etwa Nazarener, Adventisten oder Zeugen Jehovas, sind vertreten. Man lebt friedlich miteinander.

Die fehlenden natürlichen Ressourcen tragen auch zur Stabilität bei. Es gibt keine Diamanten und Wälder, kein Öl, Kupfer oder Gold, die Begehrlichkeiten wecken und um deren Besitz und Ausbeutung man kämpfen könnte, und die eine wesentliche Ursache für kriegerische Auseinandersetzungen zwischen Staaten, für Bürgerkriege und innere Unruhen auf dem afrikanischen Kontinent sind und diese am Leben erhalten.

Kap Verde hat, auch dies ist eine Besonderheit, noch nie Krieg geführt oder einen Bürgerkrieg erlebt. Selbst während des Unabhängigkeitskampfes gegen Portugal blieb Kap Verde von Kampfhandlungen verschont. Die militärischen Aktionen beschränkten sich auf Guinea-Bissau, mit dem Kap Verde bis 1980 eine Föderation bildete.

Ein weiterer Faktor ist die Tatsache, daß die Streitkräfte keine politische Rolle spielen. Sie sind zu klein, um das Land beherrschen zu können. Das Offizierkorps fühlt sich nicht als Schiedsrichter über Wohl und Wehe von Staat und Gesellschaft. Die Armee ist recht „zivil", und sie wirkt stabilisierend in die Gesellschaft hinein. Sie unterhält soziale Projekte, hilft bei Infrastrukturmaßnahmen und leistet mit ihrem Sanitätsdienst, der auch den Familienangehörigen der Soldaten zur Verfügung steht, einen Beitrag zur medizinischen Versorgung des Landes. Die Streitkräfte sind selbst für eine effektive Selbstverteidigung zu schwach, und Kriege führen können sie schon gar nicht. Das ist auch nicht nötig. Kap Verde bedroht niemanden, und es ist auch nicht erkennbar, daß irgendeine Macht Gelüste auf dieses kleine Land hat. Die geographische Lage ist in dieser Hinsicht ein Segen. Kap Verde liegt abseits der Konfliktzonen des Kontinents. Es kann sich unbehelligt von zwischenstaatlichen und inneren Auseinandersetzungen seiner Entwicklung widmen.

Wichtig ist aber vor allem, daß Kap Verde seit 1991, als die Herrschaft der Einheitspartei PAICV (Partido Africano da Independência de Cabo Verde) endete, konsequent die parlamentarische Demokratie und ein Mehrparteiensystem entwickelt hat. Dieser Prozeß verläuft nicht immer gradlinig und ohne Schwierigkeiten, aber hinter ihm stehen, bei allen sachlichen und ideologischen Differenzen, alle politischen Kräfte des Landes. Das Jahr 2001 zeigte dies deutlich, als die zehnjährige Regierungszeit der MpD (Movimento para Democracia) endete und die bisherige größte Oppositionspartei, die PAICV, an die Macht kam. Der Machtwechsel verlief reibungslos und gemäß demokratischen Spielregeln. Dies ist keineswegs normal in Afrika, und dieses Bekenntnis zu demokratischen Grundsätzen ist als wesentlicher Stabilitätsfaktor zu würdigen.

Kap Verde ist keine Insel der Seligen, welche Gesellschaft kann das schon von sich behaupten, aber es ist ein Land, das in vielerlei Hinsicht aus der Masse der afrikanischen Staaten herausragt. Dieses Buch will zu dieser Erkenntnis beitragen und dazu anregen, den Archipel zu besuchen und sich selbst ein Bild zu verschaffen. Der Besucher sollte lediglich die Bereitschaft mitbringen, sich auf eine andere und in vielem noch ursprüngliche Welt einzulassen, die der Massentourismus noch nicht erfaßt hat.

Deshalb eine „Warnung": Wer den Trubel und die vielfältigen Ablenkungen der bekannten Tourismushochburgen in aller Welt sucht, der ist in Kap Verde fehl am Platze. Wer das Land kennenlernen will, der darf sich nicht auf den Strand in Sal oder auf eine Hotelanlage in Boavista beschränken. Kap Verde ist etwas für den Besucher, der sich die Distanz zur westlichen Spaßgesellschaft bewahrt hat, der bereit ist, die Hitze, den Staub und die Kargheit des Landes auf sich einwirken zu lassen und Land und Bevölkerung nicht nur aus der Perspektive des klimatisierten Hotelzimmers oder der Pool-Bar zu sehen.

Die Gesellschaft – der enge Raum

„An solchen Tagen wurde mir bewußt, was es hieß, in einer Klein-stadt zu leben: von immer den gleichen Gesichtern und immer den gleichen Gesprächen umgeben zu sein, deren einziger Sinn darin bestand, daß alles schon gesagt war, noch bevor man zu sprechen begann. Sich diesen Gesichtern zu entziehen, mißglückte regelmäßig, denn obwohl man ihnen ausweichen wollte, sah man sich an der nächsten Straßenecke wieder. Jeder begegnete jedem, jeder sah alles, und jeder wußte vom anderen. Gerüchte verbrei-teten sich schneller als das Fleckfieber, und üble Nachreden haf-teten zäh im Gedächtnis der Mitbürger. Geschichte und Vorge-schichte wurden über Generationen mitgeschleppt und meistens demjenigen aufgebürdet, der gar nicht mehr wußte, was er damit zu tun hatte." So beschreibt Renate Feyl in ihrem Roman „Das sanfte Joch der Vortrefflichkeit" das Leben in einer kleinen säch-sischen Residenzstadt am Ende des 18. Jahrhunderts. Was aber hat Kap Verde mit Sachsen zu tun?

Kap Verde ist eine kleine Gesellschaft. Die letzte Volkszählung, die im Juni 2000 abgehalten wurde, ergab eine Gesamtbevölkerung von rund 435.000 Einwohnern. Dies entspricht der Größe einer mittleren deutschen Großstadt. Auf der größten und bevölkerungs-reichsten Insel Santiago leben fast 55 Prozent der Gesamtbevölke-rung. Mit Ausnahme der Insel São Vicente, die knapp achtundsech-zigtausend Einwohner hat, liegen die Einwohnerzahlen der ande-ren Inseln alle unter fünfzigtausend. Die kleinste Bevölkerung hat Boavista mit etwas mehr als viertausend und Maio mit knapp sie-bentausend Bewohnern. Die Bevölkerung ist in den letzten Jahr-zehnten stark angewachsen. 1970, fünf Jahre vor Erlangung der Unabhängigkeit, betrug die Gesamtbevölkerung rund 270.000.

Bis vor nicht allzu langer Zeit heirateten die Menschen meist innerhalb der Inseln. Regelmäßige Verkehrsverbindungen existierten nicht. Nur wenige verließen die Insel, auf der sie geboren wurden, und kaum einer von denen kehrte zurück. Die Familien waren groß, und dies führte dazu, daß die Familienbande weit reichten und auch heute noch große Einheiten umfassen. Auf Kap Verde hat man den Eindruck, daß hier jeder jeden kennt und alle irgendwie miteinander verwandt und verschwägert sind. Nehmen wir an, Sie unterhalten sich mit einem Gesprächspartner und erzählen ihm, daß sie vor ein paar Tagen den Rechtsanwalt X getroffen haben und daß dieser ein netter Mensch ist. Mit ziemlicher Sicherheit wird Ihnen Ihr Gegenüber mitteilen, daß dieser Herr sein Schwager oder Vetter oder sein guter Freund ist oder daß beide zusammen in die Schule gegangen sind oder in Lissabon an derselben Fakultät studiert haben. Bei den Verwandtschaftsgraden wird feiner als bei uns unterschieden, und man trennt säuberlich zwischen Kusinen ersten, zweiten und dritten Grades, und ob man aus einer angeheirateten oder direkten Linie stammt.

Verwandtschaftsbeziehungen und Freundschaften spielen eine wichtige Rolle. Sie laufen parallel zu formellen und institutionellen Zusammenhängen und überspielen diese meist. Die öffentlichen Einrichtungen und die Verwaltung sind nicht so gefestigt wie in Westeuropa. Das Verwaltungshandeln folgt nicht in dem erforderlichen und wünschenswerten Maße dem Grundsatz der Unparteilichkeit und der Gleichbehandlung und der systematischen Anwendung von Regeln und Gesetzen. Wenn man mit dem richtigen Funktionsträger bekannt ist, dann lösen sich Probleme, bei denen man ansonsten endlose Vorsprachen in Behörden und Ämtern erledigen müßte, im Handumdrehen.

Das Establishment in Praia umfaßt eine Gruppe von vielleicht 400 Personen, wobei sich der Kern, nämlich die politische und Funktionärselite, Rechtsanwälte und wichtige Geschäftsleute, auf etwa die Hälfte beschränkt. Dieser Kreis trifft sich bei allen öffentlichen Veranstaltungen: Einweihungen, Jubiläen, Nationalfeiertagen, Kongressen und natürlich auch privat. Vertrauliches ist in einem solchen Umfeld kaum zu bewahren. Die privaten Beziehungen laufen unabhängig von den politischen Loyalitäten, und auch viele persönliche Verhältnisse sind quasi öffentliches Allgemeingut.

Praia ist zwar eine Großstadt mit etwas mehr als 100.000 Einwohnern, das öffentliche Leben konzentriert sich aber auf einen relativ kleinen Bezirk der Stadt, nämlich das sogenannte Plateau (portugiesisch Platô). Dies ist ein etwa dreißig Meter hoher, flacher vulkanischer Block mit einer Fläche von knapp zwei Quadratkilometern. Es handelt sich um den historischen Teil der Stadt, aus dem Praia bis zur Erlangung der Unabhängigkeit im Jahre 1975 im wesentlichen bestand. Hier liegen eine Anzahl Ministerien, die Hauptstellen der Banken, der Sitz des Staatspräsidenten, die Zentralbank und sonstige Institutionen, Lebensmittelgeschäfte und der Markt; nicht zu vergessen das Café Lee, der Nachrichtenumschlagplatz Nummer Eins der Stadt. Wer an einem Vormittag über das Plateau geht, der kann gar nicht vermeiden, an jeder Ecke einem Bekannten zu begegnen.

In Praia gibt es nur eine Handvoll Restaurants und Lokale, auch hier trifft man bekannte Gesichter. Auf der Insel selbst, außerhalb der Hauptstadt, ist es genauso: In Tarrafal besucht man den bekannten Strand, und man kann fast sicher sein, im einzigen Restaurant mit dem Minister X oder dem Geschäftsmann Y zu essen. Selbst im Gebirge von Rui Vaz, auf dem Monte Tchota, einem beliebten Ausflugsziel der Einwohner von Praia, trifft man sich an den bekannten Picknickplätzen. Dasselbe passiert an den wenigen Sandstränden in Praia und seiner näheren Umgebung.

Das Ergebnis ist eine ziemlich dichte soziale Überwachung. Man beobachtet und wird beobachtet. Es wird genau registriert, wer sich mit wem wo aufhält und wie miteinander umgeht. Frauen- oder Männeraffairen kann sich hier niemand leisten, ohne zu riskieren, daß bald die halbe Stadt davon weiß. Da man dauernd irgendwelche Bekannte und Verwandte trifft, verbreiten sich Informationen, speziell persönliche, rasend schnell, unabhängig von ihrem Wahrheitsgehalt. Je abenteuerlicher die Geschichte, desto schneller wird sie verbreitet, und umso hartnäckiger hält sie sich. Wie in allen Gesellschaften, so liebt man auch in Kap Verde den Klatsch. Dabei ist es erstaunlich, wie hemmungslos Behauptungen verbreitet werden, die sich als völlig falsch herausstellen, wenn man nachforscht. Dies gilt auch für den Medienbereich. Wiederholt konnte ich feststellen, daß Journalisten unüberprüfte „Nachrichten" verbreiteten.

Die persönlichen Beziehungen, seien es solche der Sympathie oder der Ablehnung, durchziehen wie ein feines Nervengeflecht die kapverdische Gesellschaft und das öffentliche Leben. Es fällt deshalb den meisten Kapverdiern schwer, zwischen privaten und beruflichen Dingen zu unterscheiden, so wie wir es gewohnt sind. Es wird alles vermixt. Dabei entsteht eine recht brisante Mischung, die es meist schwierig macht, politische und administrative Entscheidungen zu treffen und diese auch durchzusetzen, ohne damit jemanden zu treffen, mit dem man als Verwandter oder Freund in einem persönlichen Verhältnis steht und wo man dann meint, Rücksicht nehmen zu müssen. Es gibt reichlich Gelegenheiten, in Fettnäpfchen zu treten. Die Reaktionen der Betroffenen sind auch entsprechend heftig. Man ist deshalb so beleidigt, weil man von jemandem, den man schon seit zwanzig Jahren kennt oder mit dem man die Schulbank gedrückt hat, so etwas nun überhaupt nicht erwartet hätte.

Einer der höchsten Juristen des Landes wies mich darauf hin, daß die Kapverdier gerne die Gerichte anrufen und wegen Lappalien prozessieren, so daß die Richter hoffnungslos überlastet sind. Es ist wie in Familien, wo die Konflikte gerade wegen der Nähe und der emotionalen Dichte besonders stark sind. Andererseits gilt, was mir ein kapverdischer Bekannter einmal sagte: Man streitet sich zwar hin und wieder, wenn nötig auch heftig, aber gleichzeitig sind die Kapverdier auch tolerant, und am nächsten Tag trinkt man zusammen Kaffee. Auseinandersetzungen lassen sich nicht vermeiden, aber letztlich ist man dann doch um einen Ausgleich bemüht. Man lebt auf engem Raum zusammen und muß sich arrangieren.

Im politischen Bereich schafft diese Befindlichkeit eine Mischung, die man in europäischen Gesellschaften so nicht kennt. Führende Politiker sind über eigene Heiraten oder die ihrer Kinder miteinander verwandt, der politische Gegner ist vielleicht der Schwager oder der Nachbarjunge, dessen bester Freund man viele Jahre war, oder die eigene Frau gehört über irgendeine Verwandtschaftslinie zur Familie des schärfsten Konkurrenten um ein Amt. Auf die eine oder andere Weise spielt deshalb immer eine persönliche Komponente mit. Die Vermengung privater und sachlicher Umstände macht es häufig fast unmöglich, kontroverse Standpunkte sachbezogen zu diskutieren. Einen Vorteil gibt es allerdings auch hier wieder: Die persönlichen Beziehungen entschärfen politische Auseinandersetzungen und vermeiden extreme Konfrontationen.

Die Überschaubarkeit der kapverdischen Gesellschaft hat aber etwas Sympathisches. Der Ausländer bekommt schnell Zugang zu allen wichtigen Leuten, der Umgang ist freundschaftlich und locker, es gibt keine übertriebenen Barrieren, und es passiert häufig, daß man Minister und hohe Beamte abends bei Freunden trifft.

Die kapverdische Gesellschaft ist durch ein weiteres Phänomen gekennzeichnet, das ich als Inselmentalität charakterisieren möchte. Es bezeichnet die Haltung, sich hauptsächlich mit sich selbst zu beschäftigen und den Blick für die Größenverhältnisse außerhalb der Inselwelt zu verlieren. Kap Verde liegt, wie ich bereits ausgeführt habe, abseits der großen Verkehrs-, Waren- und Bevölkerungsbewegungen. Die Abgeschiedenheit und damit die Konzentration auf die eigene kleine Welt ist normal, wenn man von einer riesigen Wasserfläche umgeben ist: Die Geographie beeinflußt das Denken nicht nur, sondern sie bestimmt es in hohem Maße. Natürlich kennen Bürgermeister, Minister, Geschäftsleute und führende Funktionäre andere Länder, vor allem auch größere und hoch entwickelte, aber die tägliche Erfahrung und die alltägliche Realität formen ungleich stärker als kurzzeitige Berührungen. Dies führt dann z.B. dazu, daß der Bürgermeister einer Stadt von siebentausend Einwohnern meint, er müsse an einer internationalen Konferenz über Stadtentwicklung im 21. Jahrhundert teilnehmen, deren Thema die Lebensbedingungen von Millionenstädten sind.

Man kommt auch als Ausländer und Beobachter in die Gefahr, die Dimensionen aus den Augen zu verlieren. Kap Verde, das bedeutet noch nicht einmal eine halbe Million Menschen, also eine verschwindend kleine Zahl im Vergleich zu fast allen Entwicklungsländern. In Relation zu anderen Gebieten müßten dann auch die Probleme rein von ihrer Größenordnung her leichter zu bewältigen sein.

Die Entwicklung eines Landes oder einer Gesellschaft ist ein komplizierter Prozeß. Ein oder zwei Variablen reichen nicht aus als Erklärung für Entwicklung oder Unterentwicklung. Für mich gibt es aber keinen Zweifel, daß der menschliche Faktor eine der wichtigsten Ursachen der Entwicklung ist. Es geht um die Einstellung zu Veränderung und Wandel, die Bereitschaft zum Einsatz seiner Kräfte, die Annahme von Herausforderungen und insbesondere die Fähigkeit, dauernd zu lernen und sein Verhalten zu überprüfen. Selbstverständlich spielen auch geographische Faktoren eine Rolle, die Lage, das Klima und sonstige natürliche Bedingungen. Das eine beeinflußt das andere und alles steht in Wechselwirkung. Der Mensch aber ist unbestreitbar ein wesentlicher Faktor, wenn nicht der wichtigste.

In Kap Verde arbeiten viele nationale und fast alle internationalen Entwicklungshilfeorganisationen. Deren ausländische Mitarbeiter, die als Experten zusammen mit einheimischen Institutionen arbeiten, beklagen häufig fehlende Kooperationsbereitschaft und große Schwierigkeiten bei der Umsetzung von Entwicklungsprogrammen. Die Klagen schließen auch den Vorwurf kapverdischer Arroganz gegenüber den Ratschlägen und Empfehlungen der Ausländer ein. Ich konnte diese Resistenz und die sachlich ungerechtfertigte Position kapverdischer Partner, es besser zu wissen, wiederholt beobachten. Sicher gibt es auch Personen, die sich anders verhalten, aber nach meiner Erfahrung ist diese Haltung fast durchgängig.

Für mich liegt die Erklärung in zwei hauptsächlichen Befindlichkeiten der Kapverdier, nämlich in einem Unterlegenheitskomplex, den man durch eine Haltung kompensiert, die Beobachter kritisch als Arroganz, zumindest aber als Besserwisserei charakterisieren. Kap Verde ist ein kleines und wirtschaftlich schwaches Land. Ohne die Hilfe von außen ist es nicht lebensfähig. Hilfe, das bedeutet Geld von den Industrieländern und von internationalen Organisationen wie etwa dem System der Vereinten Nationen und der EU im Rahmen der Entwicklungszusammenarbeit wie auch Finanzleistungen (Kredite) von den internationalen Finanzinstitutionen, etwa Internationaler Währungsfonds, Weltbank und Afrikanische Entwicklungsbank. Wichtig sind auch die Überweisungen der Emigranten. Das Bruttoinlandsprodukt besteht zu mehr als einem Drittel aus den Transfers der Emigranten und aus der Entwicklungshilfe. Das Land hängt an einem Tropf und braucht ausländisches Geld wie ein Organismus sein Blut.

Jede Regierungsverhandlung über Entwicklungszusammenarbeit, jeder Emigrant, der über Weihnachten seine alte Heimat besucht, jeder Blick in den Staatshaushalt zeigt deutlich, wie stark dieses Land abhängig ist von direkten Geldzuflüssen, für die es keine wirtschaftliche Gegenleistung erbringt. Die Zerbrechlichkeit der wirtschaftlichen Grundlagen und des Lebens auf den Inseln überhaupt ist eine Grundbedingung der Gesellschaft.

Diese extreme Abhängigkeit von außen und die beschränkten Möglichkeiten, die eigenen Geschicke selbst oder möglichst weitgehend zu bestimmen, sind auf Dauer eine kollektive psychische Belastung. Auch wenn die Zusammenarbeit in der Entwicklungshilfe durch einen partnerschaftlichen Ansatz gekennzeichnet ist oder dieser wenigstens angestrebt wird, so sind die Machtverhältnisse doch immer klar: Wer Mittel zur Verfügung stellt, der ist immer der Überlegene, zumindest aus der Sicht desjenigen, der empfängt. Aus dieser als untergeordnet und belastend empfundenen Rolle befreit man sich, indem man auf die eigene Position pocht. Damit kann man die Überlegenheit des anderen verringern und das Machtgefälle ausgleichen.

Diese Reaktion erfolgt, und das ist ihr Problem, fast reflexartig. Sie erzeugt in vielen Fällen unnötige und oft kaum lösbare Konflikte und Frontstellungen, die sachlich unbegründet sind und die gar nicht auftauchen sollten. Man sperrt sich, ob wider oder ohne besseres Wissen, das mag dahin gestellt sein, gegen Einsichten und Entscheidungen. Man will zeigen, das man auch „etwas zu sagen hat". Dies ist der falsche Weg, denn die konstruktive und zukunftsweisende Form, sich in diesem Rollengefälle zu emanzipieren, wäre die Bereitschaft, sich in gemeinsamer Arbeit weiterzuentwickeln.

Das tief verwurzelte Bewußtsein der Abhängigkeit ist gekoppelt mit einem leicht verletzlichen Stolz, der sich aus diesem Abhängigkeitsgefühl speist. Kapverdier fühlen sich von ihren Landsleuten, wie auch von Ausländern, häufig falsch behandelt. Meist vermutet man Hintergedanken oder konstatiert mangelnden Respekt oder Überheblichkeit. Es kommt dann häufig zu Situationen, wo sich der Ausländer fragt, was eigentlich passiert ist und warum sein Gegenüber so schroff, lautstark und überzogen reagiert. Eine Erklärung bekommt man nicht. Wenn man dem anderen einige Tage später begegnet, dann ist meist alles wieder in Ordnung, als sei nie etwas geschehen. Bei Ausländern ist eine Ursache für solche Konfrontationen sicher häufig mangelnde Vertrautheit mit den Eigenarten der Kommunikation, speziell auch der nichtverbalen, die man mit der Muttermilch einsaugt und als Fremder kaum ganz beherrscht. Das betrifft alle Gesellschaften, in denen man nicht aufgewachsen ist, aber in Kap Verde hatte ich doch das Gefühl, in einer besonders komplexen und empfindlichen Welt zu leben.

Kapverdier haben häufig große Mühe, sachliche Kritik zu akzeptieren. Man ist sehr schnell beleidigt und fühlt sich angegriffen. Jede Äußerung wird auf die Goldwaage gelegt. Das Gegenüber vermutet meist eine böse Absicht: daß man ihn schädigen, sein Ansehen herabsetzen oder ihn bloßstellen will, daß man ihm nicht zutraut, eine Aufgabe zu lösen, daß man ihm nicht vertraut. Kapverdier, die seit Jahrzehnten in Deutschland leben, schon längst deutsche Staatsangehörige sind und beide Kulturen kennen, haben mir gegenüber eingestanden, daß sie lange Zeit gebraucht haben, um Kritik zu akzeptieren und für sich als eine Chance zu sehen, etwas besser zu machen.

Mir fiel noch etwas anderes auf. Man denkt stark in Hierarchien und Titeln. Formalien, das Protokoll und Äußerlichkeiten spielen eine große Rolle. Hier zeigt sich auch das portugiesische Erbe. Bei Ansprachen etwa ist eine lange Litanei von Anreden auch des letzten Würdenträgers unumgänglich. Jeder, der eine Universität abgeschlossen hat, ist „Doktor" (doutor), ein Ingenieur wird als „engenheiro X" angeredet, und wer ein Amt innehat, der hat Anspruch auf den Amtstitel; ein bloßes Herr X reicht nicht. Man unterscheidet genau zwischen unterschiedlichen Qualifikationsniveaus und der gesellschaftlichen Stellung und läßt dem Gegenüber diese Unterschiede auch deutlich spüren.

Wenn mich jemand fragen würde, was denn nun „den Kapverdier" auszeichnet und was besonders für den Touristen wichtige Eigenschaften sind, so würde ich Folgendes hervorheben: Auffällig sind die Freundlichkeit und Hilfsbereitschaft der Menschen. Jede Verallgemeinerung im Sinne eines Nationalcharakters ist problematisch und hat ihre Grenzen, aber diese beiden Wesenszüge sind für mich hervorstechend. Dies gilt selbst für die größeren Städte, unbeschadet der Tatsache, daß man wie in allen Ländern der Welt auf Individuen trifft, die sich unkorrekt verhalten. Auch in Kap Verde gibt es Delinquenten, und speziell in den Städten sollte der Tourist prinzipiell auf seine Geldbörse, die Kameraausrüstung und sonstige Wertsachen achten.

Auf dem Lande und auf den kleinen Inseln ist die Freundlichkeit der Menschen meist überwältigend. Ich bin sehr häufig in entlegenen Regionen allein gewandert und habe mich nie unsicher gefühlt. Jeder entbietet die Tageszeit; die Kinder sind mir oft über längere Strecken gefolgt, um den „branco", den Weißen zu beobachten, manchmal mit einer gewissen Scheu, aber freimütig und interessiert; wer nach dem Weg fragt, bekommt bereitwillig Auskunft, und oft schickt man ein Kind oder einen Halbwüchsigen mit, um sicherzustellen, daß der Fremde die nächste Kreuzung oder Abbiegung nicht verfehlt. Für einen kleinen Plausch oder ein Bier ist ohnehin jeder zu haben.

Die folgenden drei Erlebnisse sind typisch:

In Cidade Velha gab mir ein kleines Mädchen, das mich vorbeigehen sah, seinen „Segen" mit auf den Weg: „Branco, branco, um ‚Ave Maria' para ti!"

In der Zeit, als die Mangos reiften, versuchte ich in einer Ribeira, einige reife Früchte zu pflücken, was mir aber nicht gelang, da sie zu hoch hingen. Versuche, die Früchte mit Steinwürfen herunterzuholen, führten zu nichts. Eine Bauersfrau, die in der Nähe trockenes Holz sammelte, bemerkte mich, lief zu ihrem nahegelegenen Haus und kam zurück mit einer langen Stange, an deren Spitze ein Widerhaken befestigt war, und mit der die Bauern die Mangos von den Ästen reißen. Dann kam zufällig der Sohn der Frau vorbei, und sie schickte ihn auf den Baum, um Früchte für mich abzuschütteln. Ich mußte die beiden bremsen, weil ich nicht mehr wußte, wohin mit den vielen Mangos.

Auf der Insel Boavista, die Angelika und ich mit Freunden besuchten, hatte unser Mietwagen eine Panne. Ein Lastwagen hielt auf unser Zeichen an und brachte uns zur Mietwagenstation. Der Vermieter fuhr mit uns zu der Stelle, wo der Wagen stand. Wir erzählten ihm, daß wir wegen des defekten Autos eine bestimmte Küstenstelle nicht besuchen konnten, da unser Abflug für den nächsten Morgen vorgesehen war. Sofort entschied er, uns zu diesem Punkt zu fahren, trotz der Tatsache, daß dies ziemlich aufwendig war.

Eine Besonderheit Kap Verdes sind die Emigranten. Es dürfte kaum ein Land geben, in dem im Verhältnis zur eigenen Bevölkerung so viele Landsleute im Ausland leben. Man schätzt die Zahl auf 700.000. Bei einer Inselbevölkerung von knapp 450.000 Menschen ist das fast das Doppelte. Schwerpunkte sind Portugal, die USA, Frankreich, Holland und Italien. Auch in den ehemaligen portugiesischen Kolonien Afrikas und sogar in Ost-Timor leben Kapverdier. Selbst in Südamerika gibt es kapverdische Siedlungen. In den USA leben über 350.000, die meisten davon in Massachusetts. In Deutschland leben vergleichsweise nur wenige Kapverdier, meist im Bereich von Hamburg. Genaue Angaben sind nicht bekannt, aber man schätzt die Zahl auf 2.000 bis 3.000 Personen. Eine kapverdische Autorin bezeichnete die Emigrantengemeinschaften als „die ausländischen Inseln" des Archipels.

Es gibt praktisch keine Familie in Kap Verde, die nicht irgendein Mitglied im Ausland hat, sei es Bruder oder Schwester, Tante oder Onkel, und es ist nicht ungewöhnlich, daß Vater oder Mutter oder beide Eltern weggehen und die Kinder bei Verwandten zurücklassen. Kap Verde exportiert Arbeitskraft.

Diese Emigration hat eine lange Tradition. Sie begann bereits Ende des 18. Jahrhunderts, als kapverdische Männer auf amerikanischen Walfängern anheuerten. Auch heute noch sind viele Emigranten in der Seefahrt beschäftigt. Die zyklisch wiederkehrenden Hungerkatastrophen haben in der Vergangenheit die Auswanderung verstärkt und die Menschen von den Inseln getrieben. Heute ist die Ernährung durch internationale Nahrungsmittelhilfe gesichert. Der physische Hunger ist kein Antrieb mehr auszuwandern. Aber es gibt andere Gründe, weshalb die Leute das Land verlassen: Man sieht angesichts der Arbeitslosigkeit für sich selbst keine Lebensperspektive; die Möglichkeiten, eine gute Ausbildung zu erhalten, sind gering oder praktisch inexistent; eine Entwicklung des Landes, die langfristig gute Arbeitsmöglichkeiten und ein höheres Lebensniveau sichern könnte, ist fragwürdig, und man fühlt sich durch die physische und psychosoziale Enge der Inseln eingeschränkt. Es ist der Hunger nach einem „besseren" Leben, was immer man darunter auch versteht: ein Arbeitsplatz oder materieller Reichtum, mehr Möglichkeiten der Entwicklung für sich selbst und die Kinder, der Ausbruch aus einem als eintönig und perspektivlos empfundenen Leben.

Ich habe wiederholt Kapverdier getroffen, die meinten, sie erstickten angesichts der Enge und Kleinheit ihres Landes und der Gesellschaft, und deren größter Wunsch es ist, das Land verlassen zu können. Aber dann verteidigen sie auf der anderen Seite vehement ihre Nation und ihre Eigenarten, wenn man sich kritisch äußert und sie sich angegriffen fühlen. Eine innere Zerrissenheit ist bei vielen sichtbar: Man will heraus, aber kann dann doch nicht völlig loslassen. Jeder ist mit tausend Fäden an seine Kultur gebunden und von ihr geprägt. Es gibt deshalb auch jene, und vielleicht ist es sogar die Mehrheit, die sich keinen anderen Platz als Lebensmittelpunkt vorstellen können.

Die Emigranten spielen eine wichtige Rolle in der Wirtschaft des Landes. Man schätzt, daß jährlich etwa 90 Millionen Dollar Emigrantengelder nach Kap Verde fließen. Das ist in absoluten Zahlen nicht viel, macht aber fast ein Fünftel des Bruttoinlandsproduktes aus. Ein Teil dieses Geldes kommt auf informellem Weg ins Land. Die Geldwechsler, die in der Umgebung des zentralen Marktes von Praia ihre Dienste anbieten, sind ein Zeichen dafür.

Ohne die Überweisungen der Emigranten hätten viele Familien Schwierigkeiten, ihren Lebensunterhalt zu sichern. Man kann deshalb in Kap Verde eine paradoxe Situation beobachten. Eine Insel wie Maio zum Beispiel hat eine Arbeitslosigkeit, die auf real 30 bis 40 Prozent geschätzt wird. Die durchschnittliche Familiengröße beträgt 4,1 Personen. Wer in Maio durch die Straßen geht, dem fällt von dieser Arbeitslosigkeit nicht viel auf. Die Bewohner sind ordentlich gekleidet, gut genährt, und die Halbwüchsigen fahren mit Mountain-Bikes herum. Es herrscht kein Reichtum, aber auch kein Elend. Ohne die Geldüberweisungen aus dem Ausland sähe das anders aus.

Viele der Emigranten kehren am Ende ihres Berufslebens nach Kap Verde zurück. Die Rente, die sie aus Europa oder Amerika beziehen, reicht für einen geruhsamen Lebensabend. In 30 Jahren oder mehr haben sie genügend Geld verdient, um sich in ihrer Heimat ein Haus zu bauen. Wenn man durchs Land fährt, kann man darauf schwören, daß die größten und aufwendigsten Häuser an den schönsten Stellen Emigranten gehören. Man sieht auch überall halb fertige Bauten. Die Besitzer sind häufig Kapverdier, die im Ausland leben und Schritt für Schritt bauen, wie das Geld gerade reicht. In den Ferien werkeln sie an ihren Häusern. Nicht nur aufwendige Häuser, sondern auch Autos gehören zum Statussymbol des Emigranten. Je größer, neuer und auffälliger, um so besser. Die Spitze sind Sportwagen oder Coupés. Daß diese Autos für die schlechten Straßen Kap Verdes nur bedingt geeignet sind, spielt dabei keine Rolle. Den Vogel hat ein Emigrant auf Fogo abgeschossen: Er schleicht mit einer dicken amerikanischen Corvette über die Vulkaninsel.

Die Investitionen der Emigranten in Immobilien sind eine wesentliche Stütze des Bausektors in Kap Verde. Außer in Immobilien investieren die Emigranten aber nur wenig in die kapverdische Wirtschaft. Investitionen in produktive Bereiche oder in Dienstleistungen gibt es kaum. Einer der Gründe liegt darin, daß die Mehrzahl der Emigranten beruflich gering qualifiziert und auch im Ausland nur mit einfachen Tätigkeiten beschäftigt ist. Ihnen fehlt das Wissen, um ein eigenes Unternehmen zu etablieren. Hinzu kommt, daß in Kap Verde das Kreditsystem nicht genug entwickelt ist und auch Einrichtungen fehlen, um Existenzgründungen zu fördern. Die Regierung muß sich überlegen, ob man nicht mehr Anreize schafft, damit die Emigranten einen Teil ihrer Gelder in Kap Verde anlegen, indem man zum Beispiel attraktive Zinsen bietet. Allerdings stellt sich hier ein gesellschaftliches Problem. Die Emigranten, die Geld in Kap Verde deponieren, erhalten bereits jetzt höhere Zinsen als die Einheimischen. Sie haben zudem Steuervergünstigungen, etwa beim Import von Waren. Eine zu starke Bevorzugung der Emigranten kann Spannungen zum Rest der Bevölkerung auslösen. Insgesamt kann gesagt werden: Das wirtschaftliche Potential, das die Emigranten darstellen, wird nicht ausreichend genutzt.

Für die Zukunft stellt sich ein viel größeres Problem. Im Ausland wachsen junge Generationen heran, die Kap Verde nur von Besuchen kennen und auch nicht unbedingt Kreol oder Portugiesisch sprechen. Diese zweite oder dritte Auslandsgeneration ist nicht mehr „mit Haut und Haaren" kapverdisch. Es ist fraglich, ob diese kapverdischstämmigen Franzosen oder Amerikaner die intensive Beziehung zu Kap Verde entwickeln, die ihre Eltern haben, und sich dementsprechend engagieren. Man schätzt, daß etwa sechzig Prozent der Emigranten Staatsangehörige ihrer Aufnahmeländer sind. Hinzu kommt, daß die Emigration abnimmt. Die traditionellen Emigrationsländer haben die Möglichkeiten der Einwanderung beschränkt. Es gibt ein Indiz dafür, daß sich die Emigration, die traditionell hauptsächlich eine männliche ist, verringert hat: Das Verhältnis Männer zu Frauen war 1990 landesweit 89.7 zu 100; zehn Jahre später lag es bei 93.9 zu 100. Beide Entwicklungen bedeuten, daß in der Zukunft die Überweisungen der Emigranten empfindlich nach unten gehen können, weil man das Interesse am Lande verliert und weil immer weniger Personen ausreisen können.

Die Emigranten besuchen Kap Verde vorzugsweise in der Zeit um den Jahreswechsel. Von Mitte Dezember bis Mitte Januar sind die Flugzeuge voll, nicht nur die Kabinen, sondern auch die Laderäume. Ein Strom von Gütern aller Art ergießt sich über die Inseln: Fernseher, Bügelbretter, Stereoanlagen, Kinderspielzeug – es gibt nichts, was nicht mitgebracht wird. Jeder der ankommt, ist so mit Handgepäck beladen, daß man sich fragt, wie er die Teile tragen und im Passagierraum unterbringen konnte. Auf dem Rückweg schleppen die Emigranten den heimischen Mais, Bohnen und Zuckerrohr-Schnaps mit.

Die Emigranten sind leicht zu erkennen. Sie wollen den Daheimgebliebenen zeigen, daß sie in der Fremde Erfolg hatten. Die Männer, die lautstark nach dem Motto „Was kostet die Welt?" auftreten, präsentieren sich mit Ketten und Kreuzen an Hals und

Arm, vergoldeten Uhren und Cowboyhüten. Die Frauen sind behängt mit Schmuck und tragen abenteuerliche Garderoben, die nicht immer geschmackvoll sind, aber dafür um so mehr auffallen. Begrüßung und Verabschiedung auf dem Flughafen sind große Ereignisse, an denen der ganze Clan teilnimmt. Man vergießt Tränen, und die übertriebene Fröhlichkeit kaschiert nur mühsam, daß der Abschied schwer fällt. Diese Szenen verdeutlichen das schwierige Leben der Emigranten, die sich zwischen zwei Welten mit so tiefgreifenden Unterschieden bewegen, daß sie eigentlich unvereinbar sind.

Regen – das grüne Kap Verde

In den Monaten September und Oktober 1999 gab es auf Kap Verde Niederschläge in einer Stärke, die man jahrelang nicht erlebt hatte. Ich war damals erst wenige Wochen in Praia. Kapverdische Gesprächspartner, die mir als Neuankömmling ein besonders gut gemeintes Kompliment machten, nannten mich „Regenbringer". Ich war mir anfangs nie sicher, wie ich am besten darauf antworten sollte. Wer aus einem Teil der Welt kommt, wo der Regen meist als Last und Spielverderber empfunden wird, der braucht schon etwas Zeit, um sich an die neuen Spielregeln zu gewöhnen.

In Kap Verde geben Niederschläge Anlaß zu lebhafter Unterhaltung. Während der Regenzeit ist es nie falsch, sondern es empfiehlt sich geradezu, Gespräche mit einer Bemerkung über den letzten oder möglicherweise bevorstehenden Regen einzuleiten. Man kann sicher sein, daß dann sofort der Draht zum Gesprächspartner da ist. Wer dann die zweite Regenzeit erlebt, der äußert sich bereits kenntnisreicher über das Wachstum von Mais oder Bohnen und seine regionalen Unterschiede.

Spätsommer und Herbst 1999 waren das Ende eines langen Fluches, der über den kapverdischen Inseln lag. Die Einheimischen behaupteten, der heftige Regen sei ein Zeichen für den Beginn eines Zyklus von fünfzig regenreichen Jahren. Nach dieser Theorie, die wissenschaftlich fundiert sein soll, schlägt die Großwetterlage alle fünfzig Jahre um. Nach einem halben Jahrhundert, das durch ausgedehnte Dürreperioden gekennzeichnet war, sollte jetzt in 1999 ein fruchtbarer Zyklus beginnen. Vielleicht stimmt diese Theorie, denn auch ein Jahr später regnete es mehr oder weniger ausreichend. Auf einigen Inseln verursachten die Wassermassen sogar größere Schäden.

Die Zukunft wird zeigen, ob die Hoffnungen auf eine generelle Besserung fundiert sind. Kap Verde ist klimatisch Teil der Sahelzone. Die Trockenheit, die das Sahelgebiet seit Ende der sechziger Jahre heimsuchte, hat auch Kap Verde schwer getroffen. Im Durchschnitt hat Kap Verde 227 Millimeter Niederschläge im Jahr. Zum Vergleich der Wert für Deutschland: Es sind 690 Millimeter. Einige Inseln sind so trocken, daß sie ganz auf Entsalzungsanlagen angewiesen sind, wie Sal, São Vicente und Boavista. Sal und Boavista hatten zum Beispiel im Jahre 1993 keinerlei Niederschläge.

Wenn es regnet, dann in solchen Mengen, daß der Boden nur einen Teil der Wassermassen aufnehmen kann. Die hohen mittleren Temperaturen und die starke Sonneneinstrahlung, die bei über 3.000 Stunden pro Jahr liegt, sorgen für eine starke Verdunstung und beeinträchtigen die Ausbildung natürlicher unterirdischer Wasserspeicher. Die Möglichkeiten des Ackerbaus, die generell nicht gut sind, wurden durch diese langdauernden klimatischen Veränderungen stark eingeschränkt.

Santiago, und das betrifft auch die anderen Inseln, entspricht nach einem ausgiebigen Regen dem Bild, was der Name Kap Verde verspricht, aber nur selten hält: Das Land ist tatsächlich grün. Die Akazien zeigen frische Triebe. Überall wachsen saftige Kräuter und Gräser im Verein mit gelben, weißen und orangefarbenen Blumen. Lilafarbene Ranken ziehen sich über steinige Ebenen. Die Berghänge erinnern an die Heimat der glücklichen Kühe. Überall sammelt sich graues oder rostrotes Regenwasser in Senken und Vertiefungen. Die Einwohner der Hauptstadt fahren zum Picknick in die Berge, um sich an Wasserfällen niederzulassen, die sich über Nacht gebildet haben, oder um das flache Band klaren Wassers zu bewundern, das in den ansonsten staubtrockenen Ribeiras zum Meer fließt. Die Wasserreservoire füllen sich. Die Kinder nutzen die offenen Becken als Schwimmbad. Wer keines in der Nähe hat, der legt sich in den Bach oder hockt sich hinein. Die Frauen nutzen den seltenen Überfluß, um die Wäsche einmal mit ausreichend Wasser in der Natur zu waschen, statt sie in den kleinen, rechteckigen Waschtrögen aus Beton mühsam durchzukneten.

Für die Haustiere beginnt die Zeit des großen Fressens. Kühe, Schafe und Ziegen können auf die übliche Magerkost aus vertrocknetem Gras, weggeworfenem Papier und leeren Zementsäcken verzichten, und sie müssen auch nicht mehr die Müllhaufen durchwühlen. Die Leiber, die in der Trockenzeit abgemagert sind und die Knochen zeigen, runden sich und setzen einen Überlebensvorrat an. Die Feststellung, Kap Verde sei ein trockenes Land, klingt in diesen Tagen wie ein Scherz.

Das Wichtigste aber ist der Mais. Er ist das Grundnahrungsmittel, aber seine Bedeutung geht weit darüber hinaus. Der Rang, den die Kapverdier einer guten Maisernte beimessen, ist ökonomisch nicht begründet. Selbst in einem guten Jahr produzieren die Bauern nur einen Bruchteil des Bedarfs. Die Anbaufläche ist begrenzt, und die Hektarerträge sind niedrig. Auch wenn die Mengen, die überhaupt erzeugt werden können, bei weitem nicht ausreichen, so sind gute Erträge nicht zu unterschätzen: Sie verschaffen der Landbevölkerung Einkommen, die Regierung muß nicht in dem Maße Beschäftigungsprogramme auflegen wie in schlechten Jahren, und der selbst produzierte Mais verringert die Abhängigkeit von ausländischer Nahrungsmittelhilfe. Eine gute Maisernte bedeutet aber noch viel mehr. Sie ist wichtig für die kollektive Psyche, denn sie beweist, daß man diesem kargen und steinigen Land Erträge abringen kann, daß die Natur nicht nur gegen die Bauern arbeitet und daß der Wille, sich gegen die unwirtlichen Bedingungen zu behaupten, schließlich doch belohnt wird.

Die Landbevölkerung, so erzählten mir kapverdische Freunde, befindet sich vor den ersten Regenfällen, nach langen Monaten der Trockenheit und umgeben von einer ausgebrannten Landschaft, in tiefer Depression. Man wartet auf das Wasser und kann nie sicher sein, daß es überhaupt oder zum richtigen Zeitpunkt kommt. Wenn sich die ersten dunklen Wolken zeigen und es dann wirklich niederrauscht, dann löst sich die Erstarrung. Fröhlichkeit und Optimismus kehren auf die Dörfer zurück. Die Fischer Kap Verdes sind mit die ersten, die den bevorstehenden Regen erkennen. Eine ihrer Wetterregeln besagt, daß es regnen wird, sobald das Meer eine starke Dünung aufweist, ohne daß es besonders windig ist.

Damit eine Maisernte gelingt, muß der Regen jedoch in dem richtigen Rhythmus fallen. Das erste Wasser wird im August benötigt, damit der Samen gut sprießt. Im September, mindestens aber im Oktober, benötigt man weitere Regenfälle, damit die Pflanzen gut gedeihen und nicht vertrocknen, bevor sie Früchte gebildet haben. Es liegt auf der Hand, daß dieser Regenfeldbau wenig Sicherheit bietet, und man versteht die großen Hungersnöte der Vergangenheit angesichts solcher unsicherer Bedingungen.

Wissenschaftler und Experten internationaler Organisationen kritisieren zuweilen die Konzentration des Anbaus auf den Mais mit dem Argument, daß dieser auf dem Weltmarkt vergleichsweise billig zu beschaffen ist und die Landbevölkerung stattdessen Gemüse und Früchte anbauen sollte, die mehr Gewinn bringen. Auch der kapverdische Landwirtschaftsminister äußerte sich in diesem Sinne. Eine solche Umstellung bringt aber technische und finanzielle Probleme mit sich, denn man benötigt mehr Wasser, Ausrüstungen und mehr handwerkliche Fähigkeiten und Kenntnisse. Schwieriger jedoch dürfte sein, eine tief eingewurzelte kulturelle Tradition zu überwinden. Der Mais gehört einfach dazu. Er ist seit Jahrhunderten Bestandteil des Lebens, und der Maisanbau prägt die Lebens- und Denkweise der Landbevölkerung. Außerdem sind nicht alle Inseln für den Gemüseanbau geeignet. In der Hauptsache sind dies nur Santo Antão und Santiago, in deren Ribeiras das ganze Jahr über ausreichend Wasser vorhanden ist.

Die sintflutartigen Wassermassen kann der Untergrund nicht aufnehmen. Nur dreizehn Prozent der Niederschläge sammeln sich als natürliche Reserven. Eines fällt dem Beobachter auf. Man unternimmt viel zu wenig, um das Wasser zurückzuhalten und Vorräte für die regenlose Zeit des Jahres anzulegen. Seit der Unabhängigkeit hat man zwar viele kleine Staubecken, Wassertanks und Dämme gebaut, aber man könnte mehr tun. Viele der vorhandenen Anlagen sind vernachlässigt, so daß größere Instandsetzungsarbeiten erforderlich sind. Es tut weh anzusehen, daß noch wochenlang nach den Regenfällen das Wasser ungenutzt ins Meer fließt.

Der kapverdische Regen hat nicht nur seine guten Seiten, sondern auch unangenehme. Das Land ist den heftigen Güssen, bei denen mitunter das Wasser wie aus Kübeln vom Himmel fällt, nicht gewachsen. Der Regen zeigt unerbittlich die Schwächen der Infrastruktur.

Dies beginnt bei den Häusern. Kapverdische Architekten, Maurer und Schreiner haben den Regen nicht eingeplant. So war mein Haus, das ich in Praia bewohnte, zwar aufwendig und geräumig gebaut, jedoch war der hintere Treppenaufgang so konstruiert, daß er sich bei Regen ab einer bestimmten Stärke in einen Fluß verwandelte, der den Keller unter Wasser setzte. Fenster und Türen waren mit solchen Toleranzen eingebaut, daß sich sofort Wasserlachen in den Zimmern bildeten. Von den Balkonen lief das Wasser in das Haus, da nicht genügend Abflüsse vorhanden waren und der Boden so planiert war, daß er sich gegen die Tür und nicht zum Abfluß neigte. Der große Empfangsbereich verwandelte sich in eine Tropfsteinhöhle, da es nie gelang, das Glasdach des Lichtschachtes abzudichten. Da gab es nur ein Motto: Alle griffen zu Eimer und Scheuerlappen, um den Schaden möglichst klein zu halten.

An Regentagen ist Praia wie ausgestorben. Fast jeder bleibt zu Hause, um Wassereinbrüche zu bekämpfen. Das normale Leben kommt zum Erliegen, auch deshalb, weil das Telefonnetz ausfällt. Wer an solchen Tagen Gäste eingeladen hat, der kann sicher sein, daß nur die Hälfte kommt.

Draußen bietet sich ebenfalls ein Bild der Unordnung. Über Stunden kann man sich auf den Straßen nicht bewegen. Die abschüssige Straße etwa, auf der unser Haus lag, verwandelte sich regelmäßig in einen Wildbach, den die streunenden Hunde nur unter Lebensgefahr durchqueren konnten. Schlimmer noch ergeht es denjenigen, deren Häuser in den Tälern liegen, die sich in reißende Ströme verwandeln. Das Terrain von Praia ist stark zerklüftet und von tiefen Schluchten und unzähligen Minitälern durchzogen. Die Häuser laufen voll, und bei den Behausungen, die an den steilen Abhängen kleben, ist immer zu befürchten, daß sie in die Tiefe rutschen.

Die Sturzfluten, die sich an solchen Tagen durch die Stadt ergießen, sind eine Mischung von menschlichen und tierischen Fäkalien sowie Haus- und Küchenabfällen, die allerorten herumliegen. In

Praia haben nur fünfundzwanzig Prozent der Häuser Toiletten. Der überwiegende Teil der Bevölkerung erledigt seine Notdurft unter freiem Himmel. Eine geordnete Müllabfuhr existiert nicht. Die Wassermassen, die natürlich auch Erde mit sich führen, verwandeln sich in eine braune Brühe, die im Meer landet und noch Tage später im Hafen und in der Umgebung Praias an Land schwappt. Dort hinterläßt sie einen Beitrag zu den Müllhalden, die die Küste säumen. Es empfiehlt sich nicht, zu baden oder zu fischen, solange das Meer nicht wieder seine blaue Farbe angenommen hat.

Genauso wenig erfreulich sind die Wasserlachen, die sich in der Stadt bilden. Mir stehen deutlich die Fußballplätze entlang der Avenida da Cidade de Lisboa und einige unbebaute Flächen vor Augen, die sich in flache Seen verwandeln, auf denen aller erdenklicher Müll schwimmt.

Im Landesinneren ist vor allem der Straßenverkehr betroffen. In Kap Verde bestehen die Straßen in den Städten wie auch die Überlandverbindungen aus Kopfsteinpflaster. Man sorgt bei der Konstruktion nicht ausreichend dafür, daß die Wassermassen ordentlich abfließen können. Das Wasser unterspült das Pflaster und trägt es weg, an den Straßenrändern bilden sich gefährlich tiefe Rinnen und Löcher, Erdrutsche und lehmige Ablagerungen bedecken die Fahrbahn, an besonders gefährdeten Stellen brechen ganze Straßenstücke weg.

Im Oktober 2000 waren in abgelegenen Gebieten ganze Ortschaften wochenlang von der Außenwelt abgeschlossen. Angesichts der Wassermassen, die bei diesen Regengüssen vom Himmel fallen, wäre es wahrscheinlich zu aufwendig, sich völlig dagegen zu wappnen. 1984 registrierte man zum Beispiel in Santo Antão innerhalb von siebzehn Stunden 550 Millimeter Niederschlag, 1996 waren es 400 Millimeter in acht Stunden.

Es dauert lange, bis die Schäden repariert sind. Nur das Allernötigste wird in Angriff genommen. Monatelang umkurvt man die Hindernisse, die durch kleine Steinpyramiden oder weiß angestrichene Felsbrocken markiert sind. Es ist wie mit vielen anderen Dingen in Kap Verde: Irgendwie läuft der Verkehr auch so weiter, und das reicht.

Praia – die Geschmähte

Im Hauptstadtbezirk lebt ein Viertel der Gesamtbevölkerung von Kap Verde, das sind knapp 110.000 Menschen. Die Zahl ist nichts im Vergleich zu den übervölkerten Millionenstädten der Dritten Welt, und Praia ist immer noch eine ruhige Stadt. Aber es zeigt sich hier eine Tendenz wie in allen Entwicklungsländern. Die Menschen zieht es in die Hauptstadt auf der Suche nach Arbeit und besseren Möglichkeiten, ihren Lebensunterhalt zu sichern. Dies führt dazu, daß sich die Stadt ständig ausdehnt. 1970 hatte Kap Verde 270.000 Einwohner und Praia 40.000. Die Volkszählung im Jahre 2000 ergab folgendes Ergebnis: Die Gesamtbevölkerung Kap Verdes betrug 435.000, die von Praia 106.000 Personen. Die Einwohnerzahl Praias hat sich demnach im Zeitraum von 30 Jahren um das 2,6-Fache vermehrt, die Gesamtbevölkerung aber nur um das 1,6-Fache. Die Stadt dehnt sich in alle Richtungen aus. Das Plateau (portugiesisch Platô), der alte Teil der Stadt und das jetzige Zentrum, aus dem Praia bis zur Unabhängigkeit hauptsächlich bestand, ist jetzt nur noch ein Stadtteil unter vielen, aber auf jeden Fall der schönste.

Der große Aufschwung der Stadt kam nach der Unabhängigkeit, als Praia die Hauptstadt eines eigenen Staates wurde. Praia war zwar schon der zentrale Sitz der portugiesischen Kolonie, aber es stand vorher ein Jahrhundert lang im Schatten Mindelos, das zu dieser Zeit als Kohlestation für den Verkehr zwischen Südamerika, Südafrika und Europa das wirtschaftliche Zentrum der Kapverden war. Mit dem Aufschwung der Stadt wuchs auch die Bevölkerung. Arbeitslose aus dem Inneren Santiagos und von den anderen Inseln kamen auf der Suche nach Arbeit und ließen sich in der Stadt nieder, wo es ihnen gefiel oder sich die beste

Gelegenheit bot. Nicht immer erfüllten sich die Träume, aber dennoch gab es mehr Arbeit in Praia als anderswo. Viele kamen auch nach Praia als Zwischenstation, um in das Ausland zu emigrieren und blieben dann in der Stadt. Wer z.B. von Fogo kommt und als einfacher Arbeiter mit geringem Verdienst in Praia lebt, für den ist Santiago schon wie die Emigration: Ich kenne solche „Emigranten", die seit acht Jahren oder länger ihre Verwandten auf der Nachbarinsel, die nur siebzig Kilometer entfernt liegt, nicht gesehen haben.

Die Stadtverwaltung ist diesem Zustrom nicht gewachsen und kann ihn nicht kanalisieren. Das Ergebnis sind wilde Siedlungen, die sich unkontrolliert ausdehnen. Selbst wenn die Anwohner bereit sind, legal Land zu erwerben, so kommt die Verwaltung nicht nach. Im Jahre 2000 wurde bekannt, daß sich Rückstände von über 20.000 Anträgen auf Grundstückserwerb angesammelt hatten, die nicht bearbeitet waren und von denen keiner weiß, wann sie je legalisiert werden. Ein großer Teil der Bevölkerung hat illegal gebaut.

In diesen Vierteln dominieren häßliche Kästen aus grauem Betonstein. Die Steine fertigen die Leute meist selbst an Ort und Stelle. Sie mischen Zement und Sand und lassen die feuchten Formen in der Sonne trocknen.

Bei dieser unkontrollierten Ausbreitung ist es nicht verwunderlich, daß die Infrastruktur lückenhaft ist oder ganz fehlt. Strom gibt es nicht überall. Nur acht Prozent der Häuser haben eine Kanalisation. Die Abfallentsorgung funktioniert nicht oder nur sporadisch. Die Wasserversorgung ist unzureichend: In den Städten haben nur 46 Prozent der Bevölkerung Leitungswasser, landesweit sind es 23 und auf dem Lande fünf Prozent. Wer nicht angeschlossen ist, der holt das Wasser an zentralen Verteilstellen und schleppt es nach Hause. Auf dem Lande sind dies oft weite Wege. Ein Viertel des Leitungswassers geht verloren, weil das Leitungssystem marode ist.

Der Abfall ist ein drängendes Problem. Der Strand in der Hauptbucht der Stadt ist übersät mit allem erdenklichen Müll, den das Meer täglich anspült. Die steilen Hänge der Ribeiras glitzern in der Sonne: Aluminiumverpackungen, Flaschen und Blechdosen reflektieren das Licht. Die Ribeiras sind wilde Abfalldeponien, in denen sich alles findet bis hin zum verrosteten Autowrack. Es gibt in der Stadt keinen Platz, keinen unbebauten Flecken, auf dem nicht Müll herumliegt. Die einzige Ausnahme bildet das Plateau, das einigermaßen in Ordnung gehalten wird, dessen Abhänge aber auch ein einziger Müllabladeplatz sind. Es ist nur dem trockenen Klima zu verdanken, daß es keine Seuchen oder Epidemien gibt. Zu allem Überfluß verbrennen die Einwohner den Müll, der an den Hängen liegt. Fast täglich ziehen in den Vororten beißende Rauchschwaden durch die Luft.

Außerhalb der Stadt, entlang der Straße nach Cidade Velha, gibt es eine Mülldeponie, die man in Westeuropa sofort schließen würde. Man lädt dort den Abfall einfach in einem Tal ab und verbrennt ihn. Viele Lastwagenfahrer machen sich gar nicht die Mühe, den einen Kilometer bis dorthin zu fahren, sondern kippen ihre Ladung schon auf der Hauptstraße ab. Der Wind verteilt dann Plastiktüten und Verpackungen in der Umgebung.

Die Unsitte, den eigenen Müll irgendwo in der Landschaft abzuladen, greift in Praia immer mehr um sich. Zum Beispiel beginnt entlang der Straße, die zu der Bucht von São Francisco führt, gleich nach den letzten Ausläufern der Stadt eine weite unbewohnte Hochebene, die mit Akazien aufgeforstet wurde und an eine afrikanische Savanne erinnert. Entlang dieser Straße findet man immer mehr Stellen, an denen Wagenladungen von Bauschutt, zerbrochenen Flaschen und Sperrmüll abgeladen wurden. Ein trauriges Bild, aber leider die Realität.

Das Umweltbewußtsein ist generell wenig entwickelt. Wer an den Strand fährt oder sonst wo in der freien Natur ein Picknick macht, der läßt alle Abfälle hinter sich stehen und liegen. Bierflaschen zertrümmert man gern unmittelbar, ohne sich darum zu kümmern, daß die Scherben den Platz fast unbenutzbar machen. Auf die Idee, seine Abfälle mitzunehmen und zu Hause zu entsorgen, kommt niemand. Wenn Europäer das machen, dann ernten sie meist nur einen ungläubigen und wenig verständnisvollen Blick. Irgendwie kann man die Kapverdier sogar verstehen: Wenn es zuhause keine geordnete Müllabfuhr gibt, warum dann den Müll mitnehmen?

Man sollte aber Praia Gerechtigkeit widerfahren lassen. Andere Städte auf Kap Verde sind auch kein Muster an Sauberkeit, und letztlich sind praktisch alle Städte und Dörfer unterschiedlich stark verschmutzt. Die Nachrichtenagentur Infopress faßte am 07. November 2000 eine Untersuchung über Abfallprobleme der Stadt São Filipe auf Fogo wie folgt zusammen, wobei anzumerken ist, daß S. Filipe als eine der sauberen Städte gilt:

„Die Untersuchung bezeichnet die grundlegende Sanierung von São Filipe als Hauptproblem der Stadt, wo die Mehrzahl der Häuser keine Klärgruben hat und es kein öffentliches Abwassersystem und ein System der Behandlung von Abwasser und anderen städtischen Abfällen gibt. Auf der anderen Seite verschärfen die Müllabfuhr, die mit Fahrzeugen durchgeführt wird, die hierzu nicht geeignet sind, und Müllhalden unter offenem Himmel und in Ribeiras die Situation. Die immer größere Menge von Abfällen wird verursacht durch steigenden Konsum und erhöhten Import von Konsumgütern, deren Verpackungen, seien sie wiederverwertbar oder nicht, auf die Straße oder in Ribeiras oder Wasserbecken geworfen werden. Die häusliche Tierzucht in Verbindung mit fehlenden Toiletten verschlimmert die Lage." Soweit die Meldung. Im Grunde ist das Problem einfach: Kap Verde importiert seine Konsumgüter und die meisten Lebensmittel aus entwickelten Ländern mit den bekannten aufwendigen Verpackungen, hat aber bislang kein funktionierendes System zur Entsorgung dieser Abfälle.

Mit etwas mehr Sorge für die Sauberkeit der Stadt könnte sich Praia in einem besseren Licht präsentieren. Die Außenbezirke der Stadt sind allerdings keine architektonischen Glanzlichter, aber das kennzeichnet auch viele andere Städte. Es gibt sogar einige ausgesprochen häßliche Bauten: So etwa den „Regierungspalast" an der Avenida de Lisboa, den China im sozialistisch-postmodernen Stil baute, und in dem ein Teil der Ministerien und das Büro des Regierungschefs untergebracht sind. In die gleiche Kategorie fällt das Parlamentsgebäude, das auf der Achada liegt und als riesiger rechteckiger Kasten das gesamte Stadtviertel dominiert und seine gleichfalls chinesische Herkunft nicht verleugnet. Beide Gebäude sind schwer und wuchtig und passen nicht in das Bild dieser flachgebauten Stadt. Besonders das Parlamentsgebäude sprengt kapverdische Dimensionen.

Die Lage Praias an einer weiten, nach Osten geöffneten Bucht ist an sich malerisch. Dies wird deutlich, wenn man sich auf der Uferstraße aus dem Stadtteil Prainha in Richtung Plateau bewegt. Besser noch sollte man den Spaziergang an dem Leuchtturm Dona Maria Pia beginnen. Er steht auf der Ponta Temerosa, die sich weit ins Meer schiebt. Der Leuchtturm wurde 1881 erbaut und 1997 mit französischen Geldern renoviert.

Von dieser Stelle hat man einen weiten Blick über den Hafen, die der Bucht vorgelagerte Insel Santa Maria und das östliche Stadtgebiet. Man bewegt sich auf der Uferstraße entlang der Küste durch den malerischen Stadtteil Prainha, eine Art Nobelviertel, wo viele Diplomaten und gutsituierte Einheimische wohnen. Auf dieser Straße, etwa ab der Höhe des Hotels Trópico, zeigt sich Praia buchstäblich von seiner besten Seite: Der südliche Rand des Plateaus liegt mit dem Präsidentenpalast und alten Ministeriumsbauten voll im Blickfeld. Im Gegensatz zu den neuen Stadtteilen zeigt sich dieser Teil des Plateaus in den warmen Farben Ocker und Gelb und dem kräftigen Grün der Akazien, und die weißen Türme der Stadtkirche und des ehemaligen Rathauses überragen die roten Ziegeldächer der historischen Gebäude.

Die Bucht verdeutlicht, weshalb Praia diesen Namen trägt, der Strand bedeutet. Sie besteht aus feinem braunen Sand. Zwei Landungsstege, die nicht mehr benutzt werden, ragen in das Wasser. Am Nordende des Strandes, unmittelbar dort, wo die Auffahrt zum Plateau beginnt, liegt ein kleiner Kai aus gelbem Sandstein unterhalb des Felsens, den seltsamerweise kein Reiseführer erwähnt und den man leicht übersieht. Es ist eine jahrhundertealte Anlegestelle. Die massiven Quader sind mit dicken schmiedeeisernen Klammern verbunden, auf denen zentimeterdick der Rost sitzt. In der Mitte des Kais steht eine mannshohe Säule auf einem steinernen Viereck, die den Eindruck macht, als habe man irgendwann einmal geplant, dort ein Denkmal zu errichten.

Der Kai sieht aus, als entstamme er einer Spielzeugkiste, und er erinnert an längst vergangene Zeiten. Von dieser Stelle hat man Jahrhunderte im Blick, die sich in diesem Kai über die beiden Landungsstege bis hin zu dem modernen Hafen manifestieren. Es lohnt sich, in dieser Bucht das Gebäude des Nationalarchivs

(Arquivo Nacional) anzuschauen, das leider nicht besonders gepflegt wird, und in dem früher der Zoll untergebracht war. Der ohrenbetäubende Lärm des Elektrizitätswerks Electra, das mit großen Dieselgeneratoren den Strom für die Hauptstadt erzeugt, stört allerdings den Genuß auf dieser Strecke.

Von der alten Kaianlage führt die Straße direkt auf das Plateau in das Herz Praias und den schönsten und interessantesten Teil der Stadt, in dem man noch die Atmosphäre der Kolonialzeit spürt. Ein großer Teil der alten Bausubstanz ist erhalten. Man bewegt sich im Schatten alter Akazien. Leider verfallen einige schöne Gebäude, und an vielen Stellen finden sich moderne Betonbauten, deren Architekten sich nicht viel Mühe gaben, das Neue mit dem Alten harmonieren zu lassen.

Ich empfehle, den Spaziergang nach dem Eintritt in das Plateau auf dem Parkplatz zu beginnen, der gleich rechts liegt. Am Ende dieses Parkplatzes, Richtung Bucht, steht ein häßlicher grauer Obelisk, der 1939 errichtet wurde. Er trägt die Jahreszahl 1460, das Jahr der Entdeckung Santiagos. Von hier hat man einen Blick über einen Teil der Bucht und die südlichen Stadtteile.

Der ockerfarbene Präsidentenpalast, der ehemalige Sitz des Gouverneurs, beherrscht diesen Teil des Plateaus. Der Palast hat schöne Gärten und große Bäume, und farbenprächtige Bougainvilleas wachsen über die niedrigen Mauern. Man bewegt sich rechts um das Gelände herum am Rande des Plateaus. Von dieser Straße sieht man über die ganze Bucht und den Hafen der Stadt. Dort steht eine recht grob gearbeitete überlebensgroße Statue des Entdeckers António da Noli aus dem Jahre 1936.

Man passiert alte portugiesische Kasernen, die sich seit über hundert Jahren nicht verändert haben, und in denen die Küstenwache untergebracht ist, und gelangt in die Rua Andrade Corvo, eine der Hauptstraßen des Plateaus, der man weiter Richtung Norden folgt, und stößt auf die Kirche Nossa Senhora da Graça, die größte der Stadt. Die Kirche ist ein schlichtes Gebäude, innen wie außen. An Sonntagen füllt sie sich mit Leben. Der Platz im Gebäude reicht nicht für die vielen Gläubigen. Auch von draußen verfolgen sie den Gottesdienst, und sie singen die Lieder mit selten gehörter Inbrunst. An den großen kirchlichen Feiertagen sind die Kirche und ihr Vorplatz das spirituelle Zentrum der Stadt. Weltliche und göttliche Gerechtigkeit liegen in Praia eng beieinander: Der Justizpalast grenzt an die Kirche und versucht, wie alle Justizpaläste dieser Welt, durch Massigkeit zu beeindrucken.

Auf der Rua Andrade muß man im Café Lee einkehren. Es kündigt sich, nicht sehr stilvoll, mit einer riesigen Fanta-Reklame an. Das Café ist äußerlich nichts Besonderes, und innen auch nicht. Es ist klein und besteht nur aus zwei kahlen Räumen, die hintereinander liegen. Der einzige Schmuck des Cafés sind kleine weiße Porzellanschilder und ein Plakat mit italienischer Pasta. Die Porzellanschilder sind auf einem Deckenträger angebracht, der sich quer durch den Raum zieht. Sie verkünden Lebensweisheiten, die in deutscher Übersetzung lauten: Wenn Du einen Freund verlieren willst, dann gib ihm Geld; Wenn Du trinkst, um zu vergessen, dann zahle vorher; Wenn Du neidisch auf mein Leben bist, dann arbeite, du Strolch; Wer sich mit seinem Schicksal zufrieden gibt, der ist glücklich bis an sein Lebensende.

Das Café Lee ist unscheinbar, aber es ist eine Institution der Stadt, einer der Hauptumschlagplätze für Nachrichten und Gerüchte. Hier bespricht und regelt man Dinge außerhalb der Büros.

Ab halb zehn morgens füllen sich die Räume. Es ist ein ständiges Kommen und Gehen von Bediensteten der umliegenden Ministerien, von Geschäftsleuten, Hausfrauen, Emigranten, Touristen und Arbeitern. Man begrüßt sich lautstark, trinkt Espresso oder den hervorragenden selbstgemachten Saft des Hauses und probiert einen der kleinen Kuchen. Wer substantiellere Nahrung braucht, der greift zu Bohnen oder Cachupa. Die Kaffeemaschine in der Küche zischt unaufhörlich.

Das Stimmengewirr ist immens. Man kann seinen Gesprächspartner kaum verstehen. Da man dasselbe Problem auch bei ihm vermutet, brüllt man genauso laut wie alle anderen, um sich verständlich zu machen, und trägt so zum Geräuschpegel bei. Die Serviererinnen bewegen sich in dem Trubel mit lässiger Ruhe. Ihre Geldbeutel, die sie an einem Gürtel vor dem Bauch tragen, sind gefüllt. Die Kugelschreiber stecken sie in das Haar, so daß sie wie kleine Funkantennen nach oben ragen. Zeitungsjungen zwängen sich zwischen den Gästen durch, die die Theke umlagern und den Weg in den hinteren Raum blockieren.

Der Besitzer des „Lee" leidet an Übergewicht und bewegt sich ständig mit gerötetem Gesicht zwischen Theke und Küche. Er sagt kaum ein Wort, begrüßt seine Gäste mit einem fast unmerklichen Kopfnicken und sieht immer ein bißchen gestresst aus, obwohl er doch eigentlich froh sein müßte, daß sein Geschäft tagaus, tagein so gut läuft.

Wenn man der Rua Andrade weiter nach Norden folgt, trifft man auf den Platz Luis de Camoes. Es lohnt sich, weiterzugehen bis an die Praça Domingos Ramos. Hier befinden sich einige koloniale Stadthäuser, von denen die senegalesische Botschaft hervorzuheben ist. Auf dem Rückweg sollte man den Markt besuchen, dessen Haupteingang an der Avenida Amílcar Cabral liegt. Über den zentralen Platz der Stadt, die Praça Alexandre de Albuquerque, gelangt man an den Ausgangspunkt des Rundganges.

Das Plateau ist tagsüber geschäftig, abends jedoch ist es, ähnlich wie Geschäfts- und Büroviertel vieler europäischer Städte, fast ausgestorben. Im Gegensatz dazu sind die anderen Stadtteile, die äußerlich nicht so attraktiv sind, voller Leben. Nach der Hitze des Tages genießen die Menschen die Abendkühle. Die Häuser sind geöffnet, man sitzt auf der Straße oder auf der Terrasse, spielt Karten oder hört Musik, geht spazieren oder trinkt mit Freunden ein Bier. In den Vierteln der einfachen Leute ist das Leben direkt und ohne Verschnörkelungen, und hier schlägt kraftvoll der Puls der Stadt.

Nehmen wir den Stadtteil Paiol. Hier hat Afonso, ein kapverdischer Freund, mit dem wir regelmäßig zum Angeln gingen, einen kleinen Laden mit Bar. Die Bar ist unscheinbar, und kaum ein Tourist käme auf die Idee, dort einzukehren. Die ganze Familie arbeitet mit: Die älteste Tochter geht auf das Gymnasium und hilft zwischendurch hinter der Theke aus. Isabel, Afonsos Frau, arbeitet als Chauffeurin in einem Ministerium und brät abends auf dem Holzkohlegrill Hühnerschenkel und Hühnerflügel. Afonso selbst arbeitet nur selten in der Bar: Er ist für den Nachschub und die Organisation zuständig.

Die Hühnerflügel sind besonders beliebt: Man nimmt sie gerne, eingewickelt in eine Serviette, als Imbiß zu einem Bier. Auf Bestellung grillt Isabel pikant gewürzte Hühnchen, die mit knusprigen Pommes Frites und einem kalten Salat aus zerstampftem jungen Mais und Gemüse serviert werden. Es ist ein einfaches Gericht, aber unübertroffen. In der Bar ist zum Essen nicht genug Platz, deshalb setzt man sich in das Wohnzimmer. Hier sind wir umgeben von weißen Häkeldeckchen und Glasvasen, in denen künstliche Blumen stecken, und die Muttergottes schaut von oben aus einer Ecke milde über die Tafel. Als Digestiv gibt es

Grogue, den aus Zuckerrohr gebrannten kapverdischen Rum. Afonso kauft dieses kräftige Feuerwasser in einer kleinen Destillerie, die in einer Ribeira an der Ostküste Santiagos steht. Die Alternative zum Grogue ist selbstgemachter Milchpunsch: Kondensmilch wird mit Zucker, Kokosnußwasser und Grogue gemischt.

Angelika und ich saßen häufig, wenn wir vom Angeln zurückkamen, auf der kleinen Terrasse an der Straße oder in der Bar, die nur zwei kleine Tischchen hat, um mit einigen Bieren den Staub des Tages hinunterzuspülen und die Umgebung auf uns wirken zu lassen: Ein kleines Mädchen läßt sich einen halben Liter Speiseöl in eine Plastikflasche füllen; ein Halbwüchsiger kauft eine Zigarette; ein alter Mann, schon etwas angeschlagen, genehmigt sich ein weiteres Gläschen Grogue; eine Hausfrau braucht eine der Gasflaschen, die auf der Straße in einem Stahlkäfig aufbewahrt werden. Bekannte und Freunde schauen vorbei, man begrüßt sich mit Handschlag oder Umarmung und wechselt ein paar Worte. Es ist ein ständiges Kommen und Gehen, und mancher erscheint auch nur, um Fernsehen zu gucken. Der Fernseher steht auf dem Kühlschrank und läuft ununterbrochen mit voller Lautstärke, egal, was das Programm gerade bietet. Manchmal dudelt nebenher noch das Radio. Entsprechend laut muß man sich unterhalten, um den Lärm zu überwinden. Kapverdier brauchen eine Geräuschkulisse.

Wir fallen in dieser Umgebung natürlich als Weiße auf. Manch einer, der vorbeikommt, schaut zweimal hin. Touristen oder Europäer allgemein verirren sich kaum in diese Gegend. Wir sitzen an einem kleinen Tisch in einer Ecke des Ladens. Jeder der hereinkommt, drückt uns die Hand. Wir tauschen die üblichen Begrüßungs- und Höflichkeitsfloskeln aus: Wie geht's, alles in Ordnung? Der andere erkundigt sich, woher wir kommen. Wir sprechen zwar Portugiesisch, aber er will unbedingt seine Französischkenntnisse demonstrieren. Die Verständigung in der anderen Sprache klappt mehr schlecht als recht, aber zu differenziert ist der Austausch ja auch nicht.

Ein Emigrant erzählt von seiner Arbeit im Ausland. Er ist Anstreicher und macht viele Überstunden. Die Frau ist in Praia geblieben. Die Familie mit drei Kindern muß versorgt werden, der Hausbau muß weitergehen. Man braucht eben Geld wie jeder andere auch. Das Leben ist teuer, und billiger wird es schon gar nicht. Um so schlimmer, daß die nationale Fluggesellschaft so hohe Preise verlangt. Aber was soll man machen? In Kap Verde gibt es nicht so viele Möglichkeiten, seinen Lebensunterhalt zu verdienen. Ja, das Wetter in den USA kann ganz schön kalt sein. In Deutschland aber auch, wie er gehört hat, oder etwa nicht? Das können wir ihm gern bestätigen. Wir müssen unbedingt mit zu seinem Haus, einen Grogue trinken. Es ist früher Nachmittag, nicht unbedingt die Zeit für einen Schnaps. Doch Rodrigo, so heißt unser Gegenüber, läßt uns nicht gehen.

Das Haus liegt nur hundert Meter entfernt. Rodrigo hat heute schon mehr als einen Grogue getrunken. Sein Gang ist ein bißchen unsicher. Das Haus besteht aus einer Etage. Es soll aber aufgestockt werden, wie man an den Eisenstäben sieht, die an den Ecken aus den Betonpfeilern ragen. Vor der Eingangstür liegen Steine und ein Haufen Sand. Wir treten durch die Eingangstür und landen in einer Art Flur mit angrenzender Küche. Der Raum ist voll mit Baumaterialien und Werkzeugen. In einer Ecke steht ein Mountainbike. Der älteste Sohn ist gerade aus der Schule zurückgekommen und mampft eine Schüssel Reis mit etwas Fisch. Auf einem Stuhl sitzt Rodrigos Frau und stillt das Baby. Die mittlere Tochter spielt am Boden. Die Großmutter hat eine Schüssel auf dem Schoß und sortiert Bohnen.

Rodrigo bittet uns in die gute Stube. Der Mittelpunkt ist ein großer Tisch, auf dem alles mögliche liegt. Eine Längsseite des Raumes nimmt der riesige Wohnzimmerschrank ein. Die Front besteht aus geriffeltem dunklen Glas. Der Schrank ist vollgestopft mit Nippes jedweder Art, daß er fast überquillt. An den Wänden hängen Bilder mit Alpenlandschaften und Vasen mit vergilbten Plastikblumen. Rodrigo öffnet eine der unteren Türen und fördert eine Flasche Schnaps und Gläser zutage. Wir trinken auf unser Wohl und das der Familien, und darauf, daß Rodrigo auch im nächsten Jahr wieder Ferien in Praia machen kann.

Cidade Velha – die alte Dame

Ich stehe auf der Mauer des alten spanischen Forts am Rande des Plateaus oberhalb von Cidade Velha. Die Sonne steht hinter der Insel Fogo, die sich als mächtiger Block am Horizont erhebt. Fogo liegt massiv in dem glänzenden Ozean und erscheint vor der versinkenden Sonnenscheibe markant wie ein Scherenschnitt. Der Gipfel des Kraters ist ebenmäßig geformt. Die Mauern des Forts glühen intensiv in Rotbraun, mit einem Schuß Gold von der Sonne vermischt. Nach rechts geht der Blick über die Ribeira Grande auf das lilafarbene Massiv des Pico do António mit seinen elegant geschwungenen Linien. Die Ribeira liegt grün-schwarz unter mir. Ich spüre die Kühle, die aus dem Tal emporsteigt. Direkt vor mir erstreckt sich der südliche Teil der Stadt, der völlig von der gräulichen Ruine der Kathedrale dominiert wird. Zwischen den Häusern steigt Rauch auf. Deutlich wie auf einer Bühne dringen Stimmen und das Krähen der Hähne bis zur Festung. Die gelbe Straßenbeleuchtung taucht die Siedlung in ein diffuses Licht. Es vermischt sich mit den letzten Strahlen der Sonne, die jetzt in einem rot-orangefarbenen Finale versinkt. Dann fällt Dunkelheit über das Land. Nur das Meer und die Spitzen der Berge schimmern noch in den Resten des Tageslichtes.

Einheimische behaupten, daß sich in Cidade Velha magische Kräfte bündeln. Diese kleine Stadt strahlt auch etwas Besonderes aus und hat eine Atmosphäre, die man an keinem anderen Ort in Kap Verde findet. Cidade Velha liegt an der Mündung einer breiten Ribeira. Die steilen Wände zweier Plateaus riegeln die Bucht zum Landesinneren ab und verleihen ihr die Form eines riesigen Amphitheaters. Ich glaube, das Geheimnis des Städtchens liegt in der Harmonie, mit der es sich in die Bucht und an die Felsen schmiegt, und auch darin, daß sich die Proportionen der Stadt über die Jahrhunderte weitgehend erhalten haben.

Nüchterner kann man sagen, daß Cidade Velha auf einem Entwicklungsstand von vor ein paar hundert Jahren verharrte und heute nur ein größeres Fischerdorf ist. Nach der Gründung im Jahre 1462 hatte die Stadt eine Blütezeit von noch nicht einmal einhundert Jahren. Sie verlor immer stärker ihren Rang als ökonomisches Zentrum, im 18. Jahrhundert schließlich auch den Status der Hauptstadt an Praia. Es ist heute nur noch an einigen Ruinen erkennbar, daß Cidade Velha im 15. und im 16. Jahrhundert die bedeutendste Station zwischen Europa und Südamerika war und eine hervorragende ökonomische und kulturelle Bedeutung hatte. Aufgrund der jahrhundertelangen Stagnation, die nach dieser Blütezeit eintrat, dehnte sich die Stadt nur wenig aus und bewahrte in größeren Teilen ihr ursprüngliches Aussehen. Allerdings gibt es auch viele häßliche Einsprengsel „moderner Architektur".

Daniel A. Pereira, ein kapverdischer Diplomat, der sich privat mit der Geschichte von Cidade Velha beschäftigt und auch über die Stadt publiziert hat, hielt im Oktober 1999 auf einer Konferenz der portugiesischsprachigen Länder Afrikas einen interessanten Vortrag über die historische Rolle von Cidade Velha und seine Bedeutung als Wiege der kapverdischen Nation und Kultur. Er versteht die Stadt als einzigartiges nationales Erbe, dessen Bedeutung weit über Kap Verde hinausgeht. Die Stadt kann ohnehin mit einigen ersten Rängen aufwarten: Sie war die erste europäische Stadt in Afrika südlich der Sahara, die erste Hauptstadt Kap Verdes und der erste Bischofssitz Westafrikas. Aber sie war mehr, nämlich ein einzigartiges Zentrum kulturellen und ökonomischen Austauschs mit weitreichenden Wirkungen. Pereira stellt dies in seinem Vortrag dar, auf den sich die nachfolgende Darstellung bezieht.

Cidade Velha ist hauptsächlich bekannt als wichtigste Station für den Sklavenhandel der damaligen Zeit. Aber ihre Bedeutung geht darüber hinaus. Die Stadt war eine Experimentierstation für Pflanzen, Menschen und Tiere, die als Drehscheibe zwischen drei Kontinenten diente, von diesen Kontinenten empfing und an sie weitergab, und die in dieser Funktion wahrscheinlich einmalig in den tropischen Zonen der Welt war. So gab es in der Mitte des 16. Jahrhunderts auf Santiago bereits die Kokospalme, die aus Indien kam und die Kap Verde an Brasilien weitergab. Der Mais, der sich zur Grundlage der kapverdischen Landwirtschaft und der intensiveren Besiedlung der Inseln entwickelte, wurde wahrscheinlich aus Brasilien eingeführt. Aus Brasilien stammte auch Maniok, der sich allerdings in Kap Verde weniger stark als der Maisanbau etablierte. Die Portugiesen brachten Maniok am Ende des 16. bzw. Anfang des 17. Jahrhunderts an die westafrikanische Küste, wahrscheinlich zuerst nach Angola, von wo aus sich diese Pflanze ausbreitete.

Kühe, Pferde, Schafe und Ziegen gelangten über Kap Verde nach Brasilien, ebenso Zuckerrohr und Reis, und natürlich auch die Sklaven der westafrikanischen Küste. Für alle großen Entdecker des 15. und 16. Jahrhunderts war Kap Verde eine unentbehrliche Zwischenstation, so beispielsweise für Christoph Columbus, Vasco da Gama, Pedro Álvares Cabral und Sebastião del Cano. Aus diesem Prozeß des Austauschs erklärt sich die Bemerkung eines portugiesischen Historikers, wonach auf Kap Verde die Art und Weise der Landbestellung mediterran, die Ernährung afrikanisch und die Pflanzen amerikanisch sind.

Wegen der Bedeutung Cidade Velhas für die Geschichte nicht

nur Kap Verdes, sondern auch Südamerikas und Westafrikas, fordert Pereira, die noch vorhandene historische Bausubstanz der Stadt zu sichern und die verschandelten Teile neu aufzubauen, um dem Ort sein ursprüngliches Gesicht und seine Identität zurückzugeben. Dies wäre auch ein Beitrag zur Identitätssicherung der kapverdischen Nation. Soweit die Ausführungen Pereiras.

Glücklicherweise hat sich die Regierung diese Auffassung zu eigen gemacht. Ein schon vor Jahren gestellter Antrag, Cidade Velha bei der UNESCO als „Erbe der Menschheit" zu registrieren, scheiterte zwar, aber dieser Fehlschlag war auf die ungenügende Vorbereitung und nicht auf die fehlende kulturelle und historische Substanz der Stadt selbst zurückzuführen. Die Regierung ist nun aber dabei, sich ernsthaft um die Stadt zu kümmern. Ein Indiz dafür ist, daß Cidade Velha seit Herbst 2000 wieder seinen alten Namen Ribeira Grande de Santiago trägt und man auch auf diese Weise an die Geschichte anknüpft. Portugiesische Architekten und Archäologen kümmern sich um eine Bestandsaufnahme des noch Vorhandenen als Grundlage für weitere Maßnahmen.

Diese Maßnahmen gehen leider, wie so häufig in diesem Teil der Welt, nicht mit der wünschenswerten Geschwindigkeit und Hartnäckigkeit voran. Eine gewisse Eile ist aber geboten, denn schon droht der Stadt neben den Eingriffen, die sich aus dem täglichen Leben ergeben, eine neue Gefahr: Praia dehnt sich immer weiter entlang der Küste nach Norden aus, und wenn diese Expansion anhält, dann wird es nicht mehr allzulange dauern, bis Cidade Velha erreicht ist. Die Erklärung der Stadt zum Erbe der Menschheit würde die Stadt selbst und ihre Umgebung vor den negativen Folgen schützen, die eine Eingliederung als Vorort einer Großstadt unweigerlich mit sich brächte.

Ein Beispiel für eine gelungene Maßnahme ist das mit spanischen Geldern restaurierte Fort São Filipe, dessen Bau 1587 begann. Es trägt den Namen des spanischen Königs Filipe des Zweiten, weil zu dieser Zeit Portugal von Spanien regiert wurde. Diese aus Trümmern wieder erstandene Anlage wirkt nicht künstlich-museal. Sie bereichert vielmehr die Stadt und hat ihr ein wesentliches Element ihres Charakters zurückgegeben.

Es handelt sich um die einzige militärische Befestigung Kap Verdes, die diesen Namen wirklich verdient. Die „Fortaleza Real de São Filipe", so lautet der offizielle Name, war die Reaktion auf die letzte Attacke des englischen Korsaren Francis Drake im Jahre 1585. Dieses Fort wurde ergänzt durch weitere Verteidigungsanlagen in der Stadt, von denen aus die Verteidiger den Hafen unter Kreuzfeuer nehmen konnten, und die teilweise noch erhalten sind. Das Fort erlebte nur eine kurze Blüte. Sein Niedergang begann schon 20 Jahre nach der Fertigstellung. 1712 eroberten Franzosen, die in Praia gelandet waren und über Land anmarschierten, die Festung. Das Fort war jahrhundertelang eine Ruine. Mit seiner Restaurierung, die erst mit der Fertigstellung der äußeren Verteidigungswehre beendet ist, wurde ein einmaliges Bauwerk und Kulturdenkmal auf kapverdischem Boden wiederhergestellt. Bemerkenswert ist, daß die Bevölkerung des Ortes mit Begeisterung am Wiederaufbau beteiligt war, nicht nur wegen des damit verbundenen Einkommens, sondern auch, weil man sich mit dieser Aktion identifizierte.

Auf dem Weg von Praia nach Cidade Velha passiert man ab der Stadtgrenze ein Gebiet, in dem Bauschutt entlang der Straße wild entsorgt wird. Kein schöner Anblick, aber es kommt noch schlimmer. Einen Kilometer entfernt in den Hügeln liegt eine Müllkippe. Sie erstreckt sich allerdings bis zur Straße, denn alles, was leicht genug ist, um vom Nordostwind durch die Luft getragen zu werden, liegt links und rechts am Straßenrand. Viele Müllfahrer machen sich auch gar nicht die Mühe, bis zur Kippe zu fahren, sondern laden ihren Abfall an der Straße ab. Der Müll wird verbrannt. Das Feuer schmort Tag und Nacht und erzeugt einen ekelhaften weißen Qualm, der in langen Fahnen zum Meer weht. Kinder stochern in den Abfällen und retten einiges zum Verkauf und für den Eigenbedarf. Kühe und Ziegen streifen durch das Gelände und fressen Pappe oder Plastiktüten.

Man passiert São Jorginho, das mit seiner rosafarbenen Kirche wie ein Spielzeugdorf oberhalb einer Ribeira liegt und das man unbedingt bei Sonnenuntergang von der hochgelegenen Straße aus Richtung Norden sehen muß. Sobald die höchste Erhebung der Fahrbahn erreicht ist, hat man einen atemberaubenden Blick. Links unten verläuft die gezackte dunkle Felsenküste, an der sich in weißer Gischt die Wellen brechen. Der südliche Teil von Cidade Velha liegt zu Füßen, jedoch sind das Zentrum der Stadt und die Bucht noch nicht zu erkennen, da beide tief unten im Tal liegen, aber der Blick geht weit entlang der Küste, von der sich schmale Klippen wie Finger in die See ziehen, bis hin zur Kraterinsel Fogo.

Die Abfahrt zur Stadt ist steil und schmal. Die Felsen rechts sind nicht gesichert, überall liegt Steinschlag. Man biegt nach den ersten Häusern scharf nach rechts und fährt beinahe an der größten Attraktion des Ortes vorbei, nämlich der Kathedrale. Sie war zu ihrer Zeit die größte in Westafrika. Heute ist sie ein leeres Rechteck. Nur die Außenwände sind in Teilen erhalten. Das Bauwerk nimmt fast die Hälfte dieses Ortsteiles ein. Die Proportionen sind völlig überdehnt. Man hat den Eindruck, als seien die umliegenden Häuser ein Anhängsel dieser überdimensionierten Kirche.

Nun liegt die Bucht von Cidade Velha direkt unter mir. Der Blick von der Klippe, auf der die Straße in einer Links- und Rechts-Serpentine steil abwärts führt, eröffnet einen paradiesischen Garten mit Kokospalmen, Zuckerrohr, Mangobäumen und Flamboyants. Die Felder reichen in Terrassen bis hoch in die Felsen. Ich erkenne Bewässerungsgräben, die sich an der Felswand entlang ziehen. Durch das Grün schimmern weißliche Ruinen. Nach der Fahrt entlang der kahlen Küste ist dieses kräftige Grün wohltuend, und die Kokospalmen vermitteln karibisches Flair.

Das Zentrum der Stadt bildet ein großer langgezogener Platz, der sich nach Norden weitet. Fast in Platzmitte, leicht nach rechts versetzt, sorgt ein riesiger Baum für Schatten. Der Baum ist Treffpunkt des Ortes. Um seinen Stamm läuft eine Bank, die meist mit Alten oder Kindern bevölkert ist. Den Gegenpol bildet auf der linken Seite der berühmte Pelourinho, eine Säule aus gelbem Stein, die anläßlich der Ernennung von Cidade Velha zur Stadt errichtet wurde, und die auch als Pranger diente.

Links des Pelourinho, direkt an der Stelle, wo die Ribeira in das Meer „mündet", befindet sich ein Openair-Restaurant, das von Akazien beschattet wird. Dies ist für mich einer der schönsten Plätze auf Santiago. Von hier habe ich einen 180-Grad-Blick über die Bucht. Links geht der Blick auf den Strand aus schwarzem Sand, auf dem die bunten Fischerboote liegen. Die Kinder tollen in der Brandung. Ab und zu gesellt sich eines der schwarzen Schweine dazu, das Abkühlung in den Wellen sucht und den nassen Sand mit seinem Rüssel durchwühlt. Die Wellen schlagen direkt vor mir auf das Ufer, das aus glattgeschliffenen massiven Kieseln besteht, die von der Brandung zu einem schwarzglänzenden Wall aufgeschichtet wurden. Jede Welle bewegt die

Steine nach oben, und wenn sich das Wasser zurückzieht, rutschen die Steine mit einem dunklen Grollen nach. Ziegen, Schweine und Hühner bewegen sich zwanglos zwischen den Tischen des Restaurants. Auf der gegenüberliegenden Seite der Ribeira stampft eine Frau Mais in einem großen Holzmörser, ihre Nachbarin wäscht in einem rechteckigen Betontrog die Wäsche mit der Hand. Hinter mir vergnügt sich die Dorfjugend mit Tischfußball. Von der Bar des Restaurants tönt kapverdische Schlagermusik. Es ist das friedliche und leicht chaotische Leben, ein buntes Durcheinander, das typisch ist für Kap Verde.

Es fällt auf, wie klein die Bucht ist. Ich kann mir kaum vorstellen, daß an dieser Stelle vor 500 Jahren der wichtigste Hafen in diesem Erdteil lag. Der Hafen soll gefährlich gewesen sein. Im Hafenbecken ragen einige Klippen über Wasser. Taucher erzählen, daß sich auf dem Meeresboden viele Wracks befinden, die noch nicht erforscht und ein wahres Eldorado für Unterwasser-Entdecker sind.

Wer Cidade Velha besucht, der muß auf jeden Fall eine längere Strecke in die Ribeira Grande hinein wandern. Es heißt, daß diese Ribeira bei der Ankunft der Portugiesen ein richtiger Fluß war, in dem sogar Süßwassergarnelen gefangen wurden. Heute führt das Tal nur während der kurzen Regenzeit Wasser. Ich beginne die Wanderung, indem ich, aus Praia kommend, die Ribeira auf der Küstenstraße durchquere und unmittelbar danach rechts in eine kleine Straße einbiege.

Diese Straße erinnert an die Kulisse in einem historischen Film. Für mich ist sie eine der schönsten Gassen in ganz Kap Verde. Sie führt durch eine Reihe alter steinerner Häuser, von denen einige verfallen sind. Ein Häuschen ist weiß gekalkt und mit Stroh gedeckt. Auf der kleinen Terrasse wachsen malerisch ein riesiger

Kaktus und eine mannshohe Palme. In seiner Einfachheit, den klaren Linien und der strengen Symmetrie ist dieses Haus ein Kunstwerk. Vorne liegt die weiße Kirche Misericórdia. Sie lohnt einen Besuch. Wenn die Kirchentür verschlossen ist, kann man den Schlüssel in dem blauen Haus mit rotbraunen Fensterläden bekommen, das vor der Kirche steht.

Wer Lust hat, kann ein Stück auf der Küstenstraße nach Norden gehen. Am Ortsausgang, kurz vor der Gesundheitsstation des Ortes, steht auf der rechten Seite ein uralter Baum, ein Figueira-Barbo. An dem knorrigen Stamm hängt eine Marienstatue in einem Holzkasten. Daneben ist ein einfaches Holzkreuz an den Baumstamm genagelt. Der Baum ist breitausladend und trägt dichtes Laub. Die Äste hängen tief und vermitteln den Eindruck einer grünen Kapelle.

Aber kehren wir zurück zu unserer Gasse. Über Steinmauern, die leicht zu überwinden sind, und durch ein steiniges Seitental gelange ich zu einer Grogue-Distillerie. Sie liegt unter riesigen alten Mangobäumen und Kokospalmen und kündigt sich durch weißlichen Rauch an.

Grundlage des Grogue ist das Zuckerrohr, dem der Saft in altertümlichen Pressen entzogen wird. Es handelt sich hierbei um zwei große eiserne Zylinder, die aufrecht stehen und mit einem starken Balken auf massiven Betonsäulen befestigt sind und sich gegeneinander drehen. Ochsen oder Pferde laufen unter einem Joch im Kreis und setzen damit die Zylinder in Bewegung, zwischen denen das Zuckerrohr ausgepreßt wird. Große Plastikbehälter fangen den Saft auf. Es gibt auch Destillerien, wo man die Walzen mit einem Traktor bewegt, der im Kreis um die Presse herumfährt.

In großen Erdölfässern wird die bräunliche Maische angesetzt.

Man heizt mit den ausgepreßten Zuckerrohrstengeln. Das Feuer schlägt lodernd aus dem rechteckigen Ofen, der aus groben Felssteinen gemauert ist. Ganz oben thront ein riesiger kupferner Destillierkolben, aus dem der Alkohol in einen dunklen würfelartigen Bau fließt, wo er aufgefangen wird. Hinter der Destillieranlage steht eine Reihe von niedrigen Hütten mit Lagerräumen und Schlafgelegenheiten. Alles ist geschwärzt vom Rauch und der Asche des brennenden Zuckerrohrs, die sich im Laufe der Jahre abgesetzt hat.

Die jungen Männer in dieser Anlage sind mit kurzer Hose und T-Shirt gekleidet. Die Wäsche ist genauso schwarz wie der Ofen. Die Arbeiter freuen sich über den Besuch und erkundigen sich nach meiner Nationalität. Sie laden mich mit einer derartigen Hartnäckigkeit ein, von dem frisch gebrannten Schnaps zu trinken, daß ich trotz der frühen Stunde nicht ablehnen kann. Der Schnaps sei sehr gut, sagen die Männer, schöpfen eine gute Portion aus dem großen Gefäß, mit dem das klare Destillat aufgefangen wird, und trinken mir zur Verdeutlichung einen kräftigen Schluck vor. Das Trinkgefäß ist nicht sauber nach europäischen Maßstäben, aber ich stufe den Genuß als problemlos ein: Der kräftige Grogue muß einfach alle Keime abtöten. Für den Weg statten mich die Männer mit einer Plastikflasche voll Schnaps aus.

Weiter talaufwärts findet sich die nächste Destillerie. Insgesamt sind es fünf in diesem Tal. Sie sind alle gleich: alt, klein und geschwärzt vom klebrigen Rauch des Zuckerrohrs, richtige Manufakturen. Einer der Brenner erzählt mir, daß er etwa zweitausend Liter im Jahr produziert, die genaue Menge kennt er gar nicht. Überall auf Santiago, fast in jeder Ribeira, die Zuckerrohranbau ermöglicht, finden sich diese kleinen Brennereien. Die

Produkte haben ganz unterschiedliche Qualität. Manche Schnäpse sind gut zu trinken, andere aber sind richtiges Feuerwasser und hinterlassen ein Brennen in der Kehle. Man muß die Brennereien kennen, um sich nicht zu vergreifen. Über den Geschmack des Grogues kann man streiten. Für mich ist er nicht vergleichbar mit dem kubanischen Rum: Der Grogue ist härter und direkter, ihm fehlen Weichheit und Rundung. Er gleicht dem Land, aus dem er stammt.

In den Wintermonaten, wenn das Zuckerrohr heranreift, liegen die Brennereien still. Aber nicht jeder akzeptiert den natürlichen Kreislauf, denn man kann ja auch Zucker destillieren. Das ist zwar streng verboten, aber die fleißigen Produzenten lassen sich davon nicht abschrecken.

Ich gehe weiter Richtung Talende. Überall sind Felder angelegt, auf denen Gemüse gezogen wird. Das ausgetrocknete Flußbett hält unterirdisch genug Wasser, um auch Mangobäume zu ernähren. Sie sind alt und breit ausladend. Im Sommer tragen sie riesige Mengen von Früchten. Überall steht Zuckerrohr, das aber nicht so dick und hoch wie in der Karibik wächst. Nach einiger Zeit taucht vor mir ein uralter Baobab auf. Er steht mit seinem breiten und verwachsenen Stamm wie ein Fels in der Ribeira. Ein paar hundert Meter weiter reckt sich ein weiterer riesiger Boabab in die Höhe. In die Rinde sind Herzen und Namen geritzt mit Jahreszahlen, die sechzig Jahre zurückreichen.

Die ganze Strecke bewege ich mich im Schatten von Mangobäumen und Palmen. In der Ribeira gibt es viele Kingfisher, bunte Vögel mit orangefarbenem Schnabel, deren Flügel beim Fliegen in einem intensiven Stahlblau schillern, und die an ihrem hellen, schnatterartigen Ruf zu erkennen sind. Der Kingfisher ist eine Art Nationalvogel. Er lebt hauptsächlich in den feuchten

Tälern auf Santiago, man findet ihn aber auch auf Fogo und Brava. Die Einheimischen nennen ihn „Passarinha", und eigentlich kann man Kap Verde nicht verlassen, ohne ihn gesehen zu haben.

Vor mir höre ich Frauenstimmen. An dieser Stelle tritt das unterirdische Wasser an die Oberfläche und bildet eine langgezogene Wasserstelle, an der die Frauen ihre Wäsche waschen. Ein Stück weiter gibt es ein größeres Wasserreservoir auf felsigem Untergrund. Ich bin nun an dem Hauptwaschplatz, der von einer Gruppe Wäscherinnen umlagert ist. Es sind gut gebaute und kräftige Landfrauen, die den Weißen mit Hallo begrüßen und sich lachend fotografieren lassen. Der freie Oberkörper, den einige zeigen, stört dabei nicht im Geringsten. Nach einigen hundert Metern endet das Tal an einer hellbraunen Felswand, aus der überall Wasser tröpfelt. Hier befindet sich eine Quelle, die am Fuße des Felsens einen kleinen See bildet. Kinder baden in dem klaren Wasser, und Frauen transportieren das Wasser in Plastikgefäßen auf dem Kopf zu ihren Häusern oben am Rande des Tales. Der Weg, den sie zurücklegen müssen, ist beschwerlich und führt im Zickzack auf das Plateau. Die Ribeira erscheint zwar wie ein Garten Eden, aber das Leben hier ist, wie überall auf dem Lande, trotz der malerischen Natur nicht paradiesisch, sondern hart und anstrengend.

Sal – der unsinkbare Flugzeugträger

Wer Sal anfliegt, dem fällt es schwer, irgend etwas Markantes zu entdecken. Eine felsige Landschaft ohne wesentliche Erhebungen und Bewuchs, von flachen Tälern durchzogen, grau-braun und karg – das ist alles, was man sieht. Die Insel ist ein unsinkbarer Flugzeugträger. Wer die anderen Inseln kennt, der fragt sich, warum gerade diese gesichtslose Masse das Urlaubsparadies auf Kap Verde sein soll.

Ohne den internationalen Flughafen wäre Sal nie ein Tourismuszentrum geworden. Die Eintönigkeit der Insel ist frappierend. Sogar die Strände, für die Sal bekannt ist, sind nach meinem Empfinden längst nicht so schön wie die von Maio und Boavista. Sie sind nicht so breit und üppig, und ihre Gesamtlänge beträgt nur die Hälfte der Strände auf Maio, nämlich zwanzig Kilometer. Der Flughafen aber bot von Anfang an die Möglichkeit, die Touristen direkt und ohne Zwischenlandung einzufliegen. Dementsprechend befindet sich Sal auf dem besten Wege, zu einem der Ziele des konfektionierten Massentourismus zu werden, den man überall findet und wo man nach einem Tag nicht mehr weiß, daß man auf Kap Verde ist. Diese Hotels könnten überall liegen, auf den Kanarischen Inseln, Mallorca oder in der Dominikanischen Republik. Genug Strände dieser Art gibt es auch auf der Welt. Der Unterschied zu den bekannten Massenzielen besteht hauptsächlich darin, daß auf Sal trotz aller Bemühungen der Hotels dann doch alles karger ist: weniger Bewuchs in den Anlagen, weniger üppiges Essen und weniger Möglichkeiten, sich abends in Diskotheken und belebten Bars zu vergnügen. Was also ist so attraktiv? Wahrscheinlich ist es zweierlei: Das Meer ist wie Champagner, klar, durchsichtig und leicht, die Boote schweben auf dem türkis- bis hellblau gefärbten Wasser wie Seerosen, und für Surfer und Taucher ist Sal ein Paradies.

Für den Strandtourismus ist nur das Südende der Insel geeignet mit dem Zentrum Santa Maria. Man ist bereits dabei, sich weiter auszudehnen und den Strand der Baía do Algodoeiro zu erschließen, die nordwestlich von Santa Maria liegt. Das Hotel „Morabeza", das zu den „traditionellen" zählt und noch überschaubare Dimensionen hat, und das kleine „Odjo d'Agua", das auf einer kleinen Klippe liegt und auch architektonisch gut gelungen ist, passen nach meinem Empfinden noch in das Umfeld. Die weiteren Strandhotels aber fallen schon in die Kategorie des Massentourismus.

Der „Djadsal Holiday Club" ist das Paradebeispiel einer Konfektionsware: Lautsprecherberieselung den ganzen Tag, Animation, zwanghaftes Immer-gut-drauf-sein und lange Ketten von Reihenhäusern, wo man aufpassen muß, daß man seine Unterkunft wiederfindet. Der riesige Pool im Zentrum dieser Anlage paßt einfach nicht in die trockene und karge Umwelt, und die Pool-Bar schon gar nicht. Und es wird weiter gebaut: Neue große Hotelkomplexe entstehen oder sind geplant. Auf Sal ist die Entwicklung zum Massentourismus bereits unumkehrbar. Allein die spanische Riu-Hotelkette, so war in einer Meldung im November 2000 zu lesen, will im Verein mit der deutschen TUI-Gruppe etwa zwanzigtausend Touristen pro Jahr nach Sal transportieren.

Der Bauboom und die Touristen schaffen Arbeitsplätze. Fast die Hälfte aller Touristen, die Kap Verde besuchen, kommt nach Sal, das im Jahre 2000 mit knapp 13 Prozent die geringste Arbeitslosigkeit in Kap Verde hatte. Auch nach Beendigung der Bautätigkeit, die für einen erhöhten Arbeitskräftebedarf sorgt, bietet der Tourismussektor Arbeitsplätze. Die Salzerzeugung, die einst wichtig war, existiert nicht mehr, und der Fischfang dient hauptsächlich zum Eigenbedarf. Der Tourismus ist der einzige Wirtschaftssektor von Bedeutung. Es lohnt nicht, sich romantisch-idealistisch über den Ansturm der europäischen Urlauber zu beklagen: Die großen Touristikunternehmen bestimmen die Richtung, und Sal hat keine andere Entwicklungschance.

Wichtig ist allerdings, daß die Insel ihre Umwelt intakt hält. Hier ist in der Vergangenheit so gut wie nichts geschehen. Der Umweltschutz ist bei steigendem Touristenaufkommen und auch angesichts der Tatsache, daß der europäische Urlauber gerade an seinem Urlaubsort eine saubere und „intakte" Umwelt erwartet, eine zentrale Aufgabe.

Ich zitiere aus dem Bericht eines deutschen Experten, der im Herbst 2000 erstellt wurde: „Der Sektor Umweltschutz ist in Sal bislang ohne Bedeutung gewesen. Unsortierter Hausmüll wurde an einigen Sammelplätzen abgeholt, auf eine Kippe gebracht und dort angezündet. Industriemüll fällt nicht an, brauchbares Grundwasser konnte nicht verseucht werden, und einzelne wilde Müllkippen störten kaum jemanden. In kurzer Zeit wachsen wilde Bauschuttberge und Müllkippen. In den Meeresbuchten außerhalb Santa Marias türmen sich Flaschen- und Dosenberge. Ohne Genehmigung wird auf der ganzen Insel Baumaterial aus den Hügeln abgebaut, und die ohnehin karge Landschaft macht täglich einen zerstörteren Eindruck."

Wer aus den großen Hotels tritt, etwa das „Djadsal" verläßt, der landet auf einer Müllkippe. Die alten Salinen, die sich landeinwärts hinter dem Hotel erstrecken, sind angefüllt mit Abfall. Kein Anblick, der begeistert und den Wunsch entstehen läßt, ein zweites Mal die Insel zu besuchen.

Das einzige Dünengebiet, das östlich von Santa Maria liegt, wurde lange Zeit von den Bauunternehmen als Sandgrube benutzt, ohne daß die Regional- oder die Zentralregierung sich aufraffen konnte, gegen diesen Raubbau etwas zu unternehmen. Für die Bauherren ist dies die einfachste Lösung. Man spart Zeit und Aufwand. Überall werden auch Steine gebrochen, ohne System und ohne Kontrolle. Zurück bleiben häßliche Löcher und Schutthaufen. Natürlich kann man nicht die gesamte Insel unter Naturschutz stellen, aber es fehlt ein System, das wirtschaftliche Nutzung und Natur- und Landschaftsschutz in ein vernünftiges Gleichgewicht zueinander setzt. Die rücksichtslose Zerstörung der Natur ist kurzsichtig, denn man beschädigt die Grundlagen der eigenen Entwicklung.

Für diese Erscheinungen sind nicht nur Profitstreben oder Bequemlichkeit verantwortlich. Es fehlt den Verantwortlichen, wie auch der Bevölkerung allgemein, das Bewußtsein für den Wert der Landschaft und der Natur. Man sieht sie (noch) nicht als ein Gut, mit dem man sorgsam umgehen sollte. Vielleicht liegt dies daran, daß Kap Verde noch über weite und fast unberührte Landschaften verfügt, es keine Überbevölkerung gibt und man meint, dieser Überfluß an Landschaft und Natur sei unerschöpflich. Daß es an der Zeit ist, geeignete administrative und bewußtseinsbildende Maßnahmen einzuführen, darüber gibt es jedoch keinen Zweifel.

Santiago – die verkannte Schöne

Santiago kann mit einigen ersten Plätzen aufwarten: Größte und bevölkerungsreichste Insel des Archipels; Sitz der Hauptstadt, des politisch-administrativen Zentrums und der bei weitem größten Stadt des Landes; erste besiedelte Insel und Keimzelle der kapverdischen Geschichte. Davon abgesehen, bietet Santiago aber keine herausragenden natürlichen und geographischen Besonderheiten. Maio und Boavista haben größere Strände, Sal gilt als Hochburg des modernen Strandtourismus und Wassersports, Fogo bietet den zweithöchsten Berg des Atlantiks, Santo Antão hat gewaltigere Bergmassive, São Vicente hat einen perfekten Naturhafen und mit Mindelo die europäischste Stadt auf Kap Verde. Wahrscheinlich ist dieser Mangel an touristischen Höhepunkten der Grund, weshalb Santiago nicht ganz oben auf der Skala der Reiseveranstalter steht. Wenn man etwas herausstellt, dann die Behauptung, wonach Santiago die „afrikanischste" Insel sein soll.

Diese Benachteiligung Santiagos ist unberechtigt. Die Insel hat beeindruckende und vor allem sehr abwechslungsreiche Landschaften und zeigt damit eine Vielfalt von Gegensätzen wie kaum eine andere Insel. Auf Santiago finden sich beeindruckende Gebirge mit herrlichen Fernsichten und anspruchsvollen Wanderwegen neben weiten, mit Steinen übersäten Ebenen, die karg und unbewohnt sind. Es gibt Ribeiras, die auch in der Trockenzeit ihr üppiges Grün behalten und an tropische Zonen erinnern, neben kahlen ausgedörrten Hochflächen, über die Ziegenherden streifen. In den von Gischt umspülten Steilküsten findet sich eine Anzahl gelber, grauer und schwarzer Sandstrände. Die meisten sind abgelegen und herrliche Plätze zum Alleinsein. Die Hauptstadt Praia hat sogar ein Nachtleben, das man sonst nur noch in

Mindelo findet. Diese Großstadt, zumindest verdient Praia diese Bezeichnung für kapverdische Verhältnisse, steht in eklatantem Gegensatz zu den entlegenen Dörfern und Streusiedlungen im Inneren der Insel, von denen viele noch nicht einmal an das Stromnetz angeschlossen sind.

Zu den touristischen Standardunternehmungen auf Santiago zählt neben der Besichtigung der Hauptstadt und von Cidade Velha eine Fahrt von Praia nach Tarrafal im Norden. Auf dieser Fahrt benutzt man üblicherweise in einer Richtung die Hauptstraße, die mitten durch die Insel verläuft entlang des Massivs des Pico do António und quer durch die zweite beherrschende Gebirgskette, die Serra Malagueta, und in der anderen Richtung fährt man entlang der Ostküste durch fast ebenes Gebiet. Diese Rundfahrt bietet einen guten Überblick über die Insel. Die Passage durch die Gebirgslandschaft ist abwechslungsreich und kurzweilig. Die Straße schlängelt sich in unzähligen Kurven durch die zerklüftete Landschaft, durchquert Schluchten und Hochebenen, führt durch malerische Dörfer und kleine Städte und durchbricht etwa 10 Kilometer vor Tarrafal die steile Wand der Serra Malagueta, die tausend Meter aufragt, um dann mit grandiosen Ausblicken auf die Küste bis auf Seehöhe nach Tarrafal abzusteigen. Die östliche Route führt über weite Strecken direkt entlang der Küste durch eher flache Landschaften. Von dieser Straße hat man beeindruckende Ausblicke auf das Meer und die Felsformationen im zentralen Teil der Insel.

Tarrafal liegt auf einer flachen Basaltplatte. Der Strand entspricht mit seinem gelben Sand und einer kleinen Pflanzung von Kokospalmen auf den ersten Blick dem europäischen Klischee von Exotik. Nach meinem Geschmack wird die Schönheit des Strandes jedoch übertrieben. Tarrafal hat keine besonderen

Sehenswürdigkeiten, aber die Stadt ist ein Ausgangspunkt für interessante Wanderungen.

Sehenswert ist das Konzentrationslager, das außerhalb der Stadt liegt, und in dem die portugiesische Kolonialmacht politische Gefangene aus allen Winkeln des Reiches inhaftierte. Das Lager wurde Ende 2000 zur nationalen Gedenkstätte erklärt, muß aber noch in weiten Teilen renoviert werden, um seinem Anspruch gerecht zu werden.

Das Hauptwandergebiet um Tarrafal ist die Serra Malagueta, eine Gebirgskette, die sich in West-Ost-Richtung erstreckt. Die Wanderung von dem Ort Serra über den westlichen Teil dieses Gebirges hinunter nach Ribeira da Prata und entlang der Küste weiter nach Tarrafal ist eine der schönsten in ganz Kap Verde. Der Weg ist unbefestigt, aber mit Autos befahrbar. Er führt durch eine wilde Bergwelt mit einsamen Gehöften und Weilern, die nur aus einer Handvoll Häusern bestehen. Unterwegs gibt es weite Ausblicke über die Insel bis Assomada und den Pico António. Die Vegetation ist üppiger als unten, weil sich die Wolken an dem natürlichem Hindernis fangen und sich als Feuchtigkeit niederschlagen. Hier wachsen Eukalyptus- und Nadelbäume und imposante Sisalpflanzen, die ihre Blütenstengel meterhoch in die Luft strecken. Auf der Hochebene, die man streckenweise überquert, sind die Bäume durch den unablässigen Wind gebogen und zur Erde gedrückt. Die Bauern ziehen Tabak, der zu Schnupftabak verarbeitet wird. Der Abstieg zur Küste eröffnet atemberaubende Blicke auf das Meer und die Bucht von Tarrafal. Bei Ribeira da Prata erstreckt sich der grauschwarze Strand der Bucht von Chão Bom. Ein Franzose besitzt hier direkt am Wasser ein Anwesen unter Palmen, eine richtige Südsee-Idylle.

Ebenso empfehlenswert ist der Abstieg von der Serra in das

Tal von Principale. Die Felsformationen und die Tiefe der Abgründe erinnern an Santo Antão. Auf der Serra Malagueta sind die Temperaturen im Durchschnitt drei bis fünf Grad niedriger als in Praia, ein Unterschied, der in dem heftigen Wind, der hier oben fast immer bläst, deutlich zu spüren ist.

Eine grüne Berglandschaft bietet auch das Gebirgsmassiv des Pico António, das man per Auto gut über São Domingos und eine Nebenstraße nach Rui Vaz erreicht. Die Straße führt bis auf tausend Meter über Gebirgskämme, auf denen Eukalyptus, Sisal und Nadelgehölze wachsen. Die Einheimischen nennen dieses Gebiet Monte Tchota. Die Landschaft erinnert nach der Regenzeit an Europa: Gräser, Kräuter und Blumen wachsen bemerkenswert üppig, und an einigen Stellen halten sich über längere Zeit Wasserfälle. Der Mais gedeiht hier gut wegen der höheren Feuchtigkeit. Von den Kämmen hat man einen Ausblick über die ganze Insel bis zur West- und Ostküste. Unterhalb des Pico António liegt eine von Militär bewachte Kommunikationsstation mit Antennen und Satellitenschüsseln. Mit etwas Glück kann man die Station betreten und hat von einem riesigen Felsblock aus einen weiten Blick über die Insel. Die Ribeiras im Bereich des Pico António führen nahezu das ganze Jahr über Wasser und haben eine fast tropische Vegetation.

Nicht nur die Berglandschaften, sondern auch die Ribeiras der Hochebenen und weniger bekannte Inselteile sind eine Wanderung wert. Im Osten liegt z.B. der kleine Ort Praia Baixo. Er ist ein beliebtes Ausflugsziel der Einwohner von Praia, die hier am Wochenende einen Tag verbringen. Der halbkreisförmige Strand besteht aus dunklem Vulkansand, die Bucht ist flach und eignet sich gut zum Baden. Von Praia Baixo aus sieht man an klaren Tagen die Nachbarinsel Maio.

Eine Wanderung entlang dieser Küste nach Norden zeigt eine vielfältige Uferlandschaft mit zerklüfteten Lavafelsen. Die Ribeira do Mangue, die man nach etwa fünf Kilometern erreicht, mündet in einer geschützten sandigen Bucht, in der Kokospalmen und Tamarinden inmitten von Zuckerrohrpflanzungen eine grüne Oase bilden. Hinter dieser Bucht, weiter Richtung Norden, wird die Küste ausgesprochen wild. Die Brecher rollen hier mit Wucht auf die Felsen. Schon von der Ribeira do Mangue aus sieht man ein Schiffswrack, das an der Küste gestrandet ist. In diesem Inferno von Gischt und Fels wundert es nicht, daß hier ein Schiff scheiterte. Das Heck prallte offenbar als erstes auf die Felsen. Es ist aufgerissen. Auf den Klippen verstreut liegen Maschinenteile und zerbrochene Stahlplatten, die der Wucht des Aufpralls nicht standhielten.

Wer von Praia Baixo nach Süden geht, kommt nach einer kurzen Strecke an die Ribeira de São Domingos. Grauer Sand bildet hier einen hohen Wall, der die Ribeira zum Meer hin abgrenzt. Die Brandung staut sich in dieser Bucht und bildet lange Wellen, die unablässig anrollen.

An der Ostküste, nicht weit von Praia entfernt, liegt die Bucht von São Francisco. Es ist die Mündung einer breiten Ribeira, in derem unteren Verlauf Tamarinden, Palmen und Akazien wachsen. Der Strand ist goldgelb. Links befindet sich eine kleine geschützte Bucht, die durch einen Felsvorsprung von dem Hauptstrand abgetrennt wird. Einige Fischer haben hier ihre hölzernen Boote liegen. In den Sommermonaten, speziell am Sonntag, besuchen viele Einwohner aus Praia diesen Strand. Wochentags und im übrigen Teil des Jahres ist man hier fast immer allein. Schade nur, daß die kapverdischen Gäste es sich angewöhnt haben, ihre Picknickreste einfach am Strand zurückzulassen. Gelegentliche Aufräumaktionen helfen nur für kurze Zeit.

Der südwestliche Teil Praias ist ebenso einen Besuch wert. Cidade Velha wurde bereits in einem eigenen Kapitel beschrieben. Man sollte aber bei Cidade Velha, deren Besuch ein „Muß" ist, nicht umkehren, sondern auf der Küstenstraße weiter nach Norden fahren.

Die Hauptstraße führt in das Innere der Insel nach Belém, das man durchaus besuchen sollte. Dieser Ort liegt vor der eindrucksvollen Kulisse des Pico António. Kurz vor dem Ort São João Baptista, wo die Hauptstraße ins Landesinnere abbiegt, fährt man links in Richtung Küste zu dem Fischerdorf Porto Gouveia und folgt der Straße durch den Ort weiter nach Porto Mosquito. Kurz nach dem Verlassen von Porto Gouveia liegt rechts oben eine weißgestrichene Wohnanlage, zu der eine Piste führt. Dieser Piste folgt man in Richtung Berge. Je höher man kommt, desto beeindruckender wird der Blick.

Halbrechts entfaltet sich das gesamte Massiv des Pico António mit den benachbarten Gipfeln Salvador und Gotô Bravo. Die Piste führt dicht entlang der Ribeira de São João, die tief eingeschnitten ist. Sobald man die Hochebene erreicht hat, fährt man durch ausgedehnte Akazienwälder und blickt nach Westen bis auf das Meer. Links liegt die Ribeira Fundura, ein eindrucksvoller und farbenprächtiger Canyon. Eine Farbskala von braun bis rostrot, ocker, gelb und grau findet sich auf dieser Strecke. Die Erdfarben kontrastieren wirkungsvoll mit dem Grün der Akazien und dem strahlenden Blau des Himmels.

In Porto Mosquito endet die befestigte Küstenstraße. Es ist ein Fischerdorf, das an einer Bucht mit tiefschwarzem Sand liegt. Hühner, Ziegen und Schweine tummeln sich auf der Dorfstraße und am Strand zusammen mit halbnackten Kleinkindern. Die Schweine sind schwarz, braun, gescheckt und rosa, in allen Farbabstufungen und –kombinationen. Die Tiere suhlen sich im Sand und lassen sich in der Mittagshitze von den Wellen überspülen.

Hinter Porto Mosquito geht es auf einer steinigen Piste weiter bis zur Ribeira de Santa Clara. Diese Ribeira lohnt eine Wanderung wegen der Gewaltigkeit und der Vielfalt der Felsformationen.

Der Strand der Bucht, zu der sich die Ribeira ausweitet, ist mit dunklen Kieselsteinen bedeckt. Ein Trampelpfad führt entlang der Küstenlinie zur Baía do Inferno. Nach etwa zwei Stunden erreicht man die höchste Steilküste Santiagos. Die Wand fällt mehrere hundert Meter ab. Auf diesen unzugänglichen Felsen nisten Vögel. Die Niststellen sind an den weißen Exkrementen zu erkennen, die sich im Laufe der Jahrhunderte abgelagert haben. Abseits der Bucht liegt eine kleine Flotte hölzerner Fischerboote, wohl über einem Plateau unterhalb des Wassers, das gute Möglichkeiten zum Grundangeln bietet. Die Boote heben und senken sich in der Dünung, die gleichmäßig aus den Weiten des Atlantiks anrollt. Die Fischer sind wie verwachsen mit ihren Booten, ihre Bewegungen sind langsam und routiniert. Es ist ein Bild wie aus einer anderen Zeit, einer dieser starken und intensiven Eindrücke, denen ich auf Kap Verde so häufig begegnet bin.

Fogo – eine Nacht bei Tito

Tito ist an die sechzig, groß und athletisch gebaut, schlank und von straffer Körperhaltung. Er ist fast weiß, sein Teint ist leicht gedunkelt, mehr durch die Sonne als durch afrikanisches Erbe. Er hat gesunde Zähne, einen festen Händedruck und ein offenes Gesicht. Er spricht bedächtig, unterstreicht seine Worte mit kurzen Handbewegungen und lacht herzhaft über das ganze Gesicht. Er zeigt eine natürliche Höflichkeit, die aus dem Inneren kommt und nicht aufgesetzt ist. Tito muß in jüngeren Jahren ein Frauenschwarm gewesen sein, und vielleicht ist er es immer noch.

Tito gebietet über ein Anwesen von zwei bescheidenen Häusern, die rechtwinklig zueinanderliegen. Eine übermannshohe Mauer umschließt das Grundstück und bildet zusammen mit den Häusern einen Innenhof. Die Häuser sind unscheinbare rechteckige grau-schwarze Kästen. Fast alle Häuser in der Chã das Caldeiras, der öden Hochfläche im Krater der Insel, sehen so aus. Drei Mädchen im Alter zwischen siebzehn und zwanzig Jahren kümmern sich um die Hausarbeit und die Touristen, die in dieser abgelegenen Region auftauchen.

Die Familie betreibt ein kleines Restaurant. Eine Hausfrau ist nicht da, doch dazu kommen wir später. Das Restaurant besteht aus einem hölzernen Tisch mit einer bunten Tischdecke aus Plastik. Man sitzt auf Klappstühlen. Eine blaue Plastikplane über unseren Köpfen sorgt für Schatten. Drei Ölfässer und ein Brett bilden die Anrichte.

Wir sind hungrig. Ein mehrstündiger Marsch durch die Caldeira liegt hinter uns. Es ist gegen Mittag. Die Sonne brennt vom Himmel, der sich glasklar und mit einem unbeschreiblichen Blau über uns wölbt. Kein Wölkchen ist zu sehen. Es ist fast windstill. In

Deutschland würde man sagen: Kaiserwetter. Hier oben jedoch, in fast zweitausend Meter Höhe mitten im Atlantik, ist das der Normalzustand.

Zur Begrüßung gibt es weißen Ziegenkäse, Brot und süßen, fast schwarzroten Wein. In dieser trockenen, mit Vulkansand und Lavadecken überzogenen Landschaft wachsen Weinreben, rote und weiße Trauben. Der Ziegenkäse schmeckt aromatisch und leicht salzig. Er paßt gut zu dem süßlichen Wein. Zwei Kontraste, die sich zu einem volleren Genuß mischen. Natürlich schütten wir auch Mengen von Wasser durch die Kehlen. Der Weg war heiß und staubig. Unsere Feldflaschen haben nur den schlimmsten Durst überbrückt. Die Luft ist trocken. Man würde kaum merken, wie stark man transpiriert, da die Feuchtigkeit sofort verdunstet, wenn nicht der Durst den Wasserverlust signalisieren würde.

Die Chã das Caldeiras mit dem Vulkangipfel, dem Pico do Fogo, ist eine der beeindruckendsten Landschaften von Kap Verde. Der Pico ist der zweithöchste Berg im Atlantik. Nur der Teide auf Teneriffa ist höher. Der Teide ist wuchtiger und breiter als der Pico, aber der Gipfel auf Fogo ist ebenmäßig und elegant. Die ganze Insel ist ein massiver Vulkan, der tief aus dem blauen Meer emporsteigt und bis fast dreitausend Meter Höhe reicht. Fogo ist fast kreisrund geformt. Im Ostteil ist der Krater offen. Gewaltige Explosionen haben Teile der Kraterwand und der Basis weggesprengt. Auf dieser Seite erstrecken sich breite, dunkle Lavafelder bis zum Meer, die von Eruptionen der letzten zweihundert Jahre stammen.

Historische Stiche und Zeichnungen zeigen den Pico mit einer Rauchfahne. Seit der Entdeckung bis 1760 gab es dauernd Eruptionen aus dem Gipfel. Seit 1760 wurden sechs Ausbrüche registriert, die an den Flanken stattfanden und Lavaströme und Erdbeben produzierten. Die begleitenden Explosionen waren meist moderat, so daß es, mit Ausnahme des Ausbruchs von 1847, durch die Explosionen keine Menschenverluste gab. In den begleitenden Erdbeben starb aber eine unbekannte Anzahl der Bewohner. Die Lavaströme zerstörten immer wieder bebaubares Land, was die dort lebende Bevölkerung und deren karges Leben noch weiter einschränkte.

Der letzte Ausbruch passierte im Jahre 1995, als sich an der Westseite des Gipfels ein Nebenkrater auftat, dessen Lava nach Ende des Ausbruchs eine Fläche von über vier Quadratkilometern bedeckte. Im Rahmen eines von Portugal finanzierten Projektes überwachen Wissenschaftler jetzt den Krater mit modernen Instrumenten, um gefährliche Entwicklungen rechtzeitig zu erkennen.

Von São Filipe aus, der Hauptstadt der Insel, ist der Gipfel nicht zu erkennen. Als ich zum ersten Mal Fogo besuchte, war ich deswegen ein bißchen enttäuscht, denn die Landkarte vermittelt den Eindruck, als sei der Gipfel wegen seiner dominierenden Höhe von allen Punkten aus zu sehen. Aber die Insel steigt steil in die Höhe, und die Caldeira ist mit Ausnahme des östlichen Teils von einer Wand umrahmt, die den Blick auf den Gipfel verwehrt.

Ich will mit Angelika und unseren Freunden Beate und Peter im Krater wandern. Die Auffahrt zur Chã ist zeitraubend und beschwerlich. Die Straße ist zwar gepflastert, aber holprig, und je höher wir kommen, um so mehr Schlaglöcher muß der Fahrer umkurven. Die Landschaft ist wild: tief eingeschnittene Ribeiras ziehen sich Richtung Ozean. Unterschiedliche Dichte und Zusammensetzung der Lavaschichten führen zu vielfältigen

Erosionsformen. Nebenkrater setzen markante Akzente. Überall, wo das Terrain die Möglichkeit bietet, wird Landwirtschaft betrieben. Mais und Bohnen herrschen vor.

Die Aussichten sind beeindruckend: Von jedem Punkt der Straße sehe ich den Atlantik, dessen Wellen sich weiß an der massiven Küste brechen. Am Horizont verschwimmen Meer und Himmel in feinem Dunst. Ich habe das Gefühl, als schwebe die Insel durch eine Traumwelt, losgelöst von Raum und Zeit.

Von São Filipe aus ist der Krater mit dem Auto über einen Zugang im Süden zu erreichen. Ausgedehnte schwarze Geröllfelder kündigen an, daß wir der Caldeira nahe sind. Die Straße wird schmaler und führt durch zackig erstarrte Schichten, die teilweise intensiv rot gefärbt sind. Noch eine Biegung, und wir haben unser Ziel erreicht: Vor uns ragt der Gipfel empor, steil, schwarz-grau, drohend. Geröll und Grus überziehen die Abhänge, als seien sie mit einem riesigen Tuch bespannt. Nur an einigen Stellen stößt helles Gestein durch diese Decke.

Der Gipfel erhebt sich aus einer chaotischen Masse dunkler Lavafelder und schwarzer Sandflächen wie eine Mondlandschaft, abweisend und urtümlich, in der kein Leben zu erkennen ist. Nur die Straße, die schnurgerade durch die trockene und heiße Wildnis zu den Siedlungen Portela und Bangaeira führt, weist auf menschliche Tätigkeit hin. Das erstarrte Lavameer mit seinen dunklen Farben und die unwirkliche Stille erzeugen eine besondere Stimmung. In die Faszination über diesen ungewöhnlichen Ort mischt sich ein Gefühl der Bedrohung und eine Scheu, diese archaische Landschaft zu betreten, der unglaubliche Kräfte ihre Gestalt gaben.

Die Wanderung führt entlang des Kraterrandes zu dem Weiler Bangaeira. Die Ringwand des Kraters hat hier eine Höhe von rund fünfhundert Metern. Sie ist senkrecht und bildet einen gräulich-sandfarbenen Wall, der sich in einem Halbkreis mit fast gleichmäßiger Höhe erstreckt, um zum nordöstlichen Ende hin abzufallen.

Wir folgen einer Autospur, die durch den körnigen Schutt führt. Der schwarze Vulkansand glitzert in der Sonne. Aus den dunklen Flächen erheben sich rostbraune Kegel und Rundungen. Nun wird deutlich, daß es hier doch Leben gibt. Hin und wieder stoßen wir auf flache, hartholzige Sträucher. Am Fuße der Kraterwand wachsen Bäume. Wir durchqueren Kürbisfelder und Pflanzungen von Kongobohnen.

Am erstaunlichsten ist aber, daß in dieser Trockenheit Wein gedeiht, denn in der Caldeira regnet es nur wenig. Die Weinstöcke wachsen in tiefen, von den Bauern ausgehobenen Mulden. Von Experten höre ich, daß die Wurzeln der Weinstöcke unglaublich tief in den Boden gehen und die letzten Reste des Wassers aufsaugen, das sich in der Tiefe sammelt.

In der Siedlung Portela liegt eine Weinkooperative. Unterwegs kommen wir an den Resten des alten Gebäudes vorbei, das durch die Lavaflüsse im Jahre 1995 verschüttet wurde. Von dieser Anlage ist nur noch eine Wand zu sehen. Italienische Entwicklungshelfer haben in mehrjähriger Arbeit die Qualität der Weine auf ein beachtliches Niveau angehoben. Alle Weine, man produziert roten, weißen und rosé, sind trocken, kräftig und von vollem Aroma. Neben der Kooperative gibt es einzelne private Produzenten, deren Weine jedoch meist zu süß sind.

Die Weine der Kooperative heißen „Chã" und sind leicht an dem Etikett zu erkennen, das den Pico zeigt. Die Produktion ist nicht besonders groß, ins Ausland wird nicht exportiert, man findet aber die Weine zunehmend auf den anderen Inseln Kap Verdes, insbesondere denen, die bereits mehr Tourismus aufweisen. Eine Probe lohnt sich auf jeden Fall. Die italienische Hilfe wurde im Jahre 2001 eingestellt. Nach dem Abzug der ausländischen Experten wird die Hauptaufgabe darin bestehen, das erreichte Niveau zu halten.

Wir übernachten im Weiler Bangaeira. Ein deutsch-italienisches Ehepaar, das in São Filipe ein Restaurant betreibt, hat in diesem unscheinbaren Ort eine genauso bescheidene Übernachtungsstätte eingerichtet. Sie besteht aus einem großen Schlafraum mit einem angebauten Bad. Das Wasser holen wir aus einer Zisterne, die direkt am Haus liegt. Das Ganze erinnert an einfache Übernachtungshütten in den Alpen, aber es paßt in diese Umgebung.

Das Abendessen nehmen wir bei Tito ein, der uns schon mit seinen Töchtern erwartet. Es gibt mit gekochten Eiern und Zwiebeln angerichteten Thunfisch aus der Dose und dampfende Schüsseln mit Bohnen und Kartoffeln. Ein einfaches Essen, aber schmackhaft. Eine Camping-Gaslampe erhellt den Innenhof.

Ich bitte Tito zu einem Glas Wein an unseren Tisch. Er erzählt von dem Leben in der Chã. Es sei nicht einfach, es gebe wenig oder keine Arbeit, praktisch alle arbeiteten in der Landwirtschaft, von der man ja wisse, daß sie keine Reichtümer bringe. Sicher, die Touristen, die er hier bewirte, seien für ihn schon ein Fortschritt, auch wenn der Verdienst nicht besonders hoch sei. Seine Frau sei vor einiger Zeit gestorben, deshalb habe er drei seiner Töchter hier. Er könne ja nicht Essen kochen und Wäsche waschen.

Ich will wissen, wie viel Kinder er denn hat, da die drei Mädchen offensichtlich nur einen Teil seiner Nachkommenschaft repräsentieren. Nun ja, erklärt Tito, insgesamt habe er zweiunddreißig Kinder, anerkannte, fügt er hinzu. „Aber doch wohl nicht mit einer Frau?", frage ich ein bißchen irritiert. „Nein, nein", bestätigt Tito, „mit drei Frauen." Wenn Tito von anerkannten Kindern redet, dann muß es logischerweise auch nicht anerkannte geben, aber zu deren Zahl äußert er sich nicht. Er beklagt sich darüber, wie schwer es sei, allen Kindern eine vernünftige Schulausbildung zu geben angesichts seiner beschränkten Mittel. Das kann ich ohne weiteres verstehen.

Das Gespräch nimmt eine andere Wendung. Tito erzählt, daß vor einiger Zeit deutsche Touristen aus München bei ihm waren. Er holt einen Brief aus Deutschland und bittet mich, ihn ins Portugiesische zu übersetzen. Nach der Übersetzung fragt mich Tito: „Sagen Sie, kennen Sie den Mann, der den Brief geschrieben hat?" „Leider nicht", antworte ich. Tito guckt etwas erstaunt und enttäuscht, so daß ich mich veranlaßt fühle, ihm dieses Manko zu erklären: „Wissen Sie, Deutschland ist ein großes Land. Wir haben 82 Millionen Einwohner." Tito fragt ein bißchen ungläubig nach: „82 Millionen?", läßt diese Zahl auf sich wirken und hat verstanden: „Dann können Sie ihn ja auch nicht kennen!"

Nach dem Abendessen möchten die Töchter unbedingt tanzen. Wir zögern erst ein bißchen, aber die Mädchen lassen nicht locker. Ihr Hauptargument, daß es nämlich in ihrem Leben wenig Abwechslung gibt, überzeugt uns schließlich. Ein Kofferradio steht bereit, und wir rücken in der guten Stube die Möbel zurecht, um eine Tanzfläche zu schaffen. Die jüngste Schwester ist anfangs ein bißchen schüchtern, aber bald wiegt sie sich wie alle anderen nach den Klängen der bekannten kapverdischen Schlager. Auch Tito tanzt einige Runden und erweist sich als geübter Tänzer, der auch einen schnellen Funaná bewältigt.

Mittlerweile ist tiefste Nacht. Der volle Mond gießt sein kaltes Licht über den Krater. Über uns wölbt sich ein brillant glänzendes Sternenmeer. Selten habe ich den Nachthimmel so klar und überwältigend gesehen. Die Temperatur ist stark gefallen, uns fröstelt fast. Der Ort liegt völlig im Dunkeln. Die Häuser sind schwarze Kästen. Ab und zu bellt ein Hund. Das Mondlicht ist hell genug, so daß wir den Weg zu unserer Unterkunft finden, ohne auf der grob gepflasterten Dorfstraße zu straucheln.

Wir sitzen noch bei einer Flasche Fogo-Wein auf der Terrasse vor unserer „Hütte" und blicken auf den Kratergipfel, hinter dem der Mond wie ein riesiger Lampion nach oben steigt. Vor dem erleuchteten Horizont hebt sich der Pico scharf wie ein Scherenschnitt ab. Die Lavafelder schimmern in Schwarz- und Grautönen. Dieser Mond ist fast kitschig, aber auch unglaublich beeindruckend, ein Bild der Harmonie und des tiefen Natureindrucks. Es ist eine unwirkliche Welt, und wir fühlen uns wie auf einem Planeten, der weit weg von der Erde durch das dunkle Weltall treibt.

Die Herausforderung für den Wanderer ist natürlich die Besteigung des Pico, der den Kraterboden tausend Meter überragt. Der Einstieg ist für den Ortsunkundigen schwer zu finden, so daß man einen Führer nehmen sollte. Wir gehen mit Elisabeth, einer der Töchter von Tito, die sich auf diese Weise ein Zubrot verdient.

Der Beginn des Anstiegs ist verhalten. Man bewegt sich durch sanfte Hügel mit mäßiger Steigung, aber die steile Flanke des Gipfels läßt keinen Zweifel darüber aufkommen, daß es bald anstrengender wird.

Im unteren Bereich führt der Pfad durch festgetretenes schwarzes Geröll, das Erosionsrinnen durchziehen. Dann wird die Steigung aber schnell rasant und bleibt so bis zum Gipfel. Man kämpft sich durch loses Geröll und Grus entlang einer Linie aus festem

Gestein, das man nur teilweise nutzen kann, nach dem Motto: Zwei Schritte vor, einen Schritt zurück. Der Untergrund ist rutschig und gibt bei jedem Tritt nach, und man hat nicht den Eindruck, dem Gipfel wesentlich näher zu kommen. Die Sonne brennt erbarmungslos, überall am Körper setzt sich feiner Staub ab.

Je höher wir kommen, um so beeindruckender ist der Rundblick. Die nördliche Hälfte des Kraters liegt im Blickfeld. Die markante Ringwand der Caldeira, die vielen Nebenkrater und das archaische Gemisch von Lavaströmen liegen plastisch in der glasklaren Luft. Beeindruckend ist die scharfe Abrißkante des Kraters nach Osten, vor der sich Wolken stauen.

Endlich erreichen wir den Gipfel und blicken in den Pico. Der Rand des fast kreisrunden großen Loches ist zerklüftet, genauso wie sein Inneres, in dem schwarzes Geröll, erstarrte Lava und Schwefelablagerungen zu erkennen sind. Aus einer Spalte steigt weißlicher Dampf empor, der sich schnell in der Luft auflöst, und es riecht nach faulen Eiern.

Elisabeth erzählt uns die Geschichte des amerikanischen Touristen, der beim Fotografieren in das Kraterloch fiel und mit gebrochenen Gliedmaßen unten liegen blieb. Es dauerte lange, bis Hilfe da war, und dann kam noch der schwierige Abtransport nach unten, denn flugfähige Hubschrauber gibt es nicht auf Kap Verde. Der Mann überstand alle Strapazen ohne bleibende Schäden, und als er wieder genesen war, lud er seine kapverdischen Retter zu sich ein.

Gott sei Dank ist der Abstieg bequemer. Wir nutzen nämlich die Felder aus Grus, die den Abhang des Gipfels großflächig bedecken. Bei der starken Steigung rutschen wir auf der lockeren Schicht, in der wir bis über die Waden einsinken, in einer riesigen Staubwolke wie auf Schneeschuhen nach unten. Es macht

Spaß, sich wie in Siebenmeilenstiefeln zu bewegen. Wäre doch der Aufstieg so leicht gewesen!

Man sollte sich für Fogo genug Zeit mitnehmen und sich nicht nur auf die Caldeira beschränken. Einen Besuch des Kraters empfinde ich als unvollständig ohne den Abstieg aus der Caldeira zur Stadt Mosteiros, denn diese etwa dreistündige Wanderung zeigt eine ganz andere Seite der Insel.

Ausgangspunkt ist der Monte Velha, eine Erhebung am nordöstlichen Rand des Kraters. Dieses Gebiet ist bewaldet, denn die Wolken, die aus Nordosten kommend auf die Insel treffen, stauen sich an dieser Stelle und ermöglichen eine ausgeprägte Vegetation. Bereits in den vierziger Jahren des vorigen Jahrhunderts haben die Portugiesen hier Bäume gepflanzt. Das Gebiet um den Monte Velha ist ein Landschaftsschutzgebiet, in das man nur mit einer Genehmigung des Landwirtschaftsministeriums fahren darf.

Schon die Anfahrt von Bangaeira ist eindrucksvoll. Entlang der Kraterringwand führt die unbefestigte Straße am Rande von Lavafeldern vorbei, die nur wenig bebaubares Feld übrig gelassen haben. Am Monte Velha fahren wir über Serpentinen durch eine grüne Landschaft mit Eukalyptus, Nadelhölzern, bunt blühenden Büschen und Sisalpflanzen. Die Vegetation ist üppig und erinnert an Berggebiete in Südostasien.

Ein ausgetretener und vom Regen ausgewaschener Pfad bildet auf weiten Strecken einen Hohlweg und führt nach unten zum Ort Pai António. Die Sisalpflanzen sind riesig und strecken ihre üppigen grünen Blätter wie Schwerter nach oben. An feuchten Rinnen stehen gewaltige Eukalyptusbäume. Auf Baumstämmen wachsen weißliche Flechten. Vereinzelte Wolken wehen heran und nehmen kurzzeitig die Sicht.

Dieser Teil Fogos ist berühmt für seinen Kaffeeanbau. Die Plantagen liegen verstreut auf den Abhängen, oft an schwer zugänglichen Stellen. Der Fogo-Kaffee ist kräftig und von vollem Aroma und nach Meinung der Inselbewohner der beste der Welt. Die Produktivität ist allerdings gering. Die Pflanzungen gehören alteingesessenen Grundbesitzerdynastien, denen Motivation und Dynamik moderner Produzenten fehlen. Der Kaffee wird nicht exportiert, sondern im Land verbraucht.

Diese Seite des Kraters ist ein kleines Paradies, in dem fast alles wächst, was man auf Kap Verde anbauen kann. Sogar Reste der ursprünglichen Vegetation in Gestalt von Drachenbäumen sind vorhanden. Zwei dieser urtümlichen Bäume sind an einer unzugänglichen Felsspalte zu sehen.

Das Faszinierende an diesem Abstieg sind neben den Besonderheiten der Vegetation die Ausblicke über Bananenstauden, Papayabäume, weitausladende Mangowipfel und kleine Weiler auf ein tiefblaues Meer, das an eine von dunklen Lavaströmen gebildete Küste schlägt. Der Abstieg mag manchmal etwas beschwerlich sein, aber wer in Mosteiros ankommt, der wird es nicht bedauern, diesen Weg gewählt zu haben.

Ganz anders und als Kontrast zu dem fruchtbaren Gebiet unterhalb des Monte Velha zeigt sich die Ostseite des Kraters, die man auf dem Rückweg nach S. Filipe durchquert. Diese Seite der Insel hatte in den letzten Jahrhunderten mehrere Lavaausbrüche, die sich in breiten Bahnen ins Meer ergossen und zu einer schwarz-grauen Masse erstarrt sind. Dieser Teil Fogos ist dunkel und düster. Da die Kraterringwand auf dieser Seite abgesprengt wurde, ist der Gipfel in der offenen Flanke gut zu erkennen. Oft stauen sich Wolken am unteren Teil des Pico, und manchmal trägt die aufsteigende Warmluft riesige Staubwolken aus den Schluchten nach oben. Die Besiedlung ist dünn, die Menschen meiden diesen Abschnitt der Insel.

Der Vulkan ist sicherlich die herausragende Sehenswürdigkeit Fogos, aber Kenner der Insel weisen zu Recht darauf hin, daß auch die übrigen Regionen viel zu bieten haben. Eine Fahrt über die Ringstraßen bietet prächtige Ausblicke und zeigt eine Fülle unterschiedlicher Mikroklimata. Auffällig sind die vielen stattlichen Einzelgehöfte. Die Bucht Ponta de Salina im Westen, ein beliebter Ausflugsort, wird von den Einheimischen in ihrer touristischen Attraktivität überschätzt, aber sie ist mit den anrollenden Brechern und den bizarren Lavaformen durchaus einen Besuch wert.

Aber selbst wenn es den Vulkan nicht gäbe, so sähe ich dennoch genug Grund, Fogo zu besuchen, und zwar wegen der Hauptstadt São Filipe. Mein erster Besuch legte den Grundstein meiner Zuneigung zu diesem verschlafenen Provinzort, und alle weiteren Aufenthalte festigten diese Beziehung.

Der Flughafen liegt etwa zehn Fahrminuten außerhalb der Stadt, und schon dort tritt eines hervor, sobald die Flugzeugpropeller ausgelaufen sind: Es ist die Ruhe, die diese Insel umgibt. Diese Ruhe ist nicht nur die Abwesenheit von Lärm, sondern ein allumfassendes Gefühl, praktisch eine Lebensform. Wenn man dann in dem Hotel „Xaguate" ankommt, das auf einem Felsvorsprung liegt und durch eine Ribeira von der Stadt abgetrennt wird, und von der Terrasse auf das weite Meer und die etwa zwanzig Kilometer entfernte Insel Brava schaut, dann versinkt man in diesem Meer der Ruhe, das mit seinem flüssigen Pendant eine Einheit bildet.

São Filipe ist schachbrettartig angelegt, und die Neigung der Vulkanflanke, die in einer hohen Steilküste endet, sorgt für starke

Steigungen. Die Stadt ist klein und überschaubar, und man sollte sich einfach treiben lassen, verlaufen kann man sich ohnehin kaum.

Die Altstadt ist ein geschlossenes Ensemble alter Stadthäuser, der sogenannten Sobrados. Wohlhabende Grundherren hatten diese im 19. Jahrhundert erbaut und offenbar keine Kosten gescheut, denn viele der Häuser erinnern mit ihren schattigen Innenhöfen und hohen Fenstern, den hölzernen Balkonen, Veranden und Stuckverzierungen und ihrer Größe, die die Häuser der Landbevölkerung um ein Vielfaches übertrifft, an kleine Paläste und Adelssitze. Die Bauten zeigen einen sicheren Geschmack und eine geschickte Anpassung an das warme Klima, und die breiten Straßen und Plätze schaffen einen großzügigen Eindruck, in dem die Sobrados gut zur Geltung kommen.

Wegen der starken Neigung des Untergrundes zum Meer hin gibt es von den höher gelegenen Teilen der Stadt schöne Blicke über die Ziegeldächer der Altstadt, und ein unübersehbarer Orientierungspunkt sind die beiden Pyramidentürme der alten Kirche am Rande der Stadt.

Leider verfallen viele Sobrados, und verwitterte Fassaden mit abgebröckeltem Putz und abgeblätterter Farbe sind noch das kleinere Übel angesichts eingestürzter Dachstühle und zerbröselnden Gesteins. Manchmal sind bei diesen vernachlässigten Häusern ungeklarte Besitzverhältnisse das Problem: Der Besitzer ist verstorben, die Erben leben im Ausland, oder es fehlen irgendwelche Dokumente. In anderen Fällen mag der Besitzer, der schon seit Jahrzehnten emigriert ist, ganz das Interesse an seinem Besitz verloren haben. Die Stadtverwaltung ist sich zwar bewußt, daß die zerfallenden Häuser die touristische Attraktivität von S. Filipe beeinträchtigen, aber sie verfügt nicht über die Mittel, um Erhaltungsmaßnahmen zu unterstützen.

Brava – die Abgelegene

Von der Terrasse des Hotels „Xaguate" in S. Filipe aus gesehen, erhebt sich Brava in 20 Kilometer Entfernung wie eine riesige grau-blaue Schildkröte aus dem Meer. Meist stauen sich Wolken an dem hohen Inselgebirge oder verdecken ganz die Sicht. Fast zum Greifen nahe, ist Brava dennoch entlegen, denn ihr großes Problem sind die Verkehrsverbindungen zu den anderen Inseln des Archipels. Der auf Brava befindliche Flughafen ist wegen Planungsfehlern nicht benutzbar, und die Schiffsverbindungen sind unzuverlässig und dünn. Wer Brava besuchen will, muß viel Zeit mitbringen.

Ich erreiche Brava allerdings ohne größere Schwierigkeiten an Bord eines modernen Vielzweck-Fährschiffes, der „Praia d'Aguada", die von einer deutschen Werft in Zusammenarbeit mit kapverdischen Schiffsingenieuren entwickelt und im Herbst 1999 in Dienst gestellt wurde. Es ist das zur Zeit modernste Schiff der überalterten kapverdischen Flotte und mit seinen eleganten und schnittigen Linien ein Schmuckstück der kapverdischen Gewässer. Die „Praia d'Aguada" hat die Transportsituation des Archipels wesentlich verbessert, aber bei neun bewohnten Inseln ist ein Schiff dieser Art natürlich nicht ausreichend.

Auf meiner Reise mit der „Praia d'Aguada" gehöre ich zu einer Delegation unter Leitung des kapverdischen Premierministers. Unser Ziel sind die Häfen Furna auf Brava und Vale de Cavaleiros auf Fogo, die mit deutschen Entwicklungshilfegeldern ausgebaut wurden und die jetzt offiziell eingeweiht werden sollen. Die deutsche Hilfe verbessert die Lage in beiden Häfen entscheidend: In Brava können nunmehr Schiffe am Kai anlegen, die vorher im Hafenbecken ankern und mühsam entladen werden mußten; auf

Fogo wurden die alten Kaianlagen erweitert, so daß größere Schiffe Platz haben, und die Mauer des Hafens wurde verstärkt und mit Wellenbrechern gegen die hier ungewöhnlich hohen Wellen geschützt.

Die Stimmung unter den Regierungsmitgliedern und ihrer Begleitung war auf der ganzen Fahrt gut und wurde durch den Seegang nur unwesentlich getrübt. Die kapverdischen Gewässer können insbesondere in den Kanälen zwischen den Inseln rauh sein. Wir erfuhren dies heute, als wir den für seinen Wellengang bekannten tiefen Kanal zwischen Brava und Fogo durchquerten.

Ich hatte mich schon früh auf das Außendeck begeben und konzentrierte mich auf den Horizont, aber die vom Bug bis zum Heck sprühende Gischt erinnerte mich im Verein mit den Rollbewegungen des Schiffes daran, daß ich eigentlich schon ein grünes Gesicht haben mußte. Nach und nach folgte mir die Delegation an Deck, und die Gespräche verstummten, weil jeder mit sich und seinem Magen beschäftigt war. Um so mehr bewunderte ich die kleine Stewardess, die auf einem Serviertablett Kaffee im Fußbad verteilte.

Furna liegt in einer geschützten Bucht, die fast kreisrund und von Felsen umschlossen ist. Die Honoratioren der Insel erwarten uns an einer kleinen Tribüne. Der Hafen wird mit Reden und Musik eingeweiht, und dann fährt die Wagenkolonne durch den Ort mit seinen wenigen Häusern zur Hauptstadt Vila Nova Sintra. Die schmale und staubige Straße geht steil und in vielen Windungen nach oben. Jetzt wird deutlich, daß Brava schroff bis zu einer Höhe von fast 1.000 Metern aus dem Meer ragt.

Nova Sintra liegt, wie so häufig, unter einer leichten Wolkendecke, was zusammen mit der Höhenlage von etwa 600 Metern für eine angenehme Temperatur sorgt. Der Regierungschef hat mit seinen einheimischen Delegationsmitgliedern anderweitige Verpflichtungen, so daß ich mit Angelika die Stadt und die Insel erkunden kann. Das Leben hier macht einen beschaulichen Eindruck, ohne Hektik und Eile, und die Einheimischen begrüßen uns auf Schritt und Tritt.

Nova Sintra ist bekannt wegen seiner Gärten und stattlichen Häuser im portugiesischen Kolonialstil und wegen seiner Hibiskuspflanzen, die man in ganz Kap Verde nicht in dieser Üppigkeit findet. Zwar höre ich, daß die Pflanzen in der Trockenheit der letzten Jahre ziemlich geschädigt wurden und daß es früher noch üppiger war, aber der Reichtum an Vegetation läßt gar nicht an Trockenheit denken, denn die Gärten und Felder sind üppig bestanden mit Bananen, Mandelbäumen, Jacarandas, Drachenbäumen und Gemüse jeder Art.

Bei einer Fahrt über Land präsentiert sich Brava mit dem für viele kapverdische Inseln typischen Bild einer zerklüfteten und vielgestaltigen Landschaft. Man kann Brava vielleicht am besten als ein stark verkleinertes Santo Antão charakterisieren. In den höheren Regionen treiben Wolkenschleier über uns, teilweise ist es fast neblig oder stark dunstig, während die niedrigeren Küstenregionen in der prallen Sonne liegen. Da die Insel so klein ist und man sich auf hoch gelegenen Straßen bewegt, sieht man fast überall das Meer und beeindruckende Steilküsten. Auffällig sind die vielen massiven und geräumigen einzelstehenden Häuser, die einen ausgesprochen soliden Eindruck machen. Sie gehören meist Emigranten, die auf Brava traditionell mit Schwerpunkt in die USA auswandern, dort schon in der Vergangenheit gut verdient haben und sich solche Schmuckstücke leisten konnten.

Auch außerhalb der Stadt sind überall Hibiskussträucher zu sehen, die ganze Hecken bilden und Grundstücke begrenzen. In

Ribeiras wachsen Bananen, Palmen und Mais. Es ist ein bißchen wie ein kleiner Garten Eden.

Als fast tropisches Paradies zeigt sich die Bucht von Fajã de Água, die hell wie Quecksilber in der Nachmittagssonne liegt. Eine Serpentine führt zu einem von der Natur gesegneten Flekken, auf dem Palmen, Bananen, Zuckerrohr und Bougainvillea in prächtigem Rot, Violett und Weiß gedeihen. Ein kleiner Fischerort von vielleicht zehn Häusern zieht sich am Strand entlang, der den Ausgang einer Ribeira bildet, die für ihren Wasserreichtum bekannt ist. Es gibt kein Restaurant und kein Geschäft, nur eine Art Bar, in der wir eine Cola trinken. Einige alte Männer dösen im Schatten vertrockneter Palmwedel, die die Terrasse überdecken. Der Strand ist felsig und übersät mit abgeschliffenen Steinen. Unter Palmen liegen buntgestrichene Häuser von Emigranten, die sich an einem herrlichen Blick über die Bucht erfreuen können.

Einer von ihnen, der in einer prächtigen Villa wohnt, nennt sich „Henry", seit er in den USA lebt. Er kommt immer zum Urlaub nach Brava. „Alles hier unser Besitz!" ist seine Einleitung zur kleinen Besichtigung des Anwesens einschließlich Zukkerrohr-Destille seines Großvaters mit anschließendem Grogue-Konsum auf der Terrasse: „2.000 Liter jährlich, davon 1.000 für mich, hohoho!" Mit diesem Spruch füllt er die aufgereihten Wassergläser in einem Schwung, ohne die Flasche abzusetzen, und das in rascher Folge. Henry ist gar nicht glücklich darüber, daß sein Mobiltelefon in dieser Bucht nicht funktioniert, denn wie alle Kapverder liebt er diese kleinen Dinger. Henry kommt durch den Grogue in Schwung, und es wird Zeit, daß wir uns davonmachen, sonst stehen wir den Tag nicht mehr durch.

Natürlich müssen wir auch Vinagre besuchen, was auf portugiesisch Essig heißt. Es ist eine Quelle mit natursaurem Mineralwasser. Ein Wanderweg biegt kurz vor dem Ort Santa Barbara nach rechts ab in ein steiles Tal. Rechts und links des Weges treffen wir immer wieder auf fleißige Gärtner. Der Gegenhang ist mit Terrassen überzogen, überall wachsen riesige Bäume, Kalebassenbäume, und wieder Drachenbäume. Endlich erreichen wir die Oase. Es ist angenehm kühl hier unten nach dem Abstieg. Ein altes Badehäuschen, das über 100 Jahre alt ist und früher von den Grundbesitzern benutzt wurde, ist mit seinen Gipsköpfen von Wasserschutzgöttern an den Ecksimsen ein Kleinod, das aber leider zerfällt.

Das Abendessen, zu dem der Bürgermeister einlädt, ist die Stunde der Mornas, dieser traurigen und klagenden Lieder des Abschieds, der Trennung und der Sehnsucht derjenigen, die ihre Heimat verlassen haben. So viel Schwermut wird uns Europäern, die sich inmitten einer von Alkohol und Gesprächen angeregten Gruppe kapverdischer Kollegen und Freunde wohlfühlen, schließlich zu anstrengend, und wir bitten um eine Abwechslung in Form der schnellen und leichten Coladeira.

Maio – Marzipankuchen und Cachupa

Die kleine „Twin Otter" der nationalen Fluggesellschaft TACV benötigt für den Flug von Praia nach Maio nur zwölf Minuten, aber die 25 Kilometer Wasserfläche trennen zwei völlig verschiedene Welten. Santiago ist wild mit bizarren Gebirgsformationen und zerklüfteten Tälern, die Felsenküste aus Lava ist abweisend und von Gischt umweht. Maio, eine der ältesten Inseln des Archipels, ist von Sonne und Wind zermürbt. Die wenigen Erhebungen sind gerundet, flache Hügel und weite Ebenen bestimmen das Bild. Nur der Monte Penoso, der höchste Berg der Insel, hat der Erosion nachhaltiger widerstanden und reicht bis fast 500 Meter Höhe. Maios Strände sind flach, breit und hell, ein Ziel für Touristikinvestoren.

Ein weiterer Unterschied zu Santiago und speziell zu Praia fällt auf: Die Bevölkerung Santiagos und die Arbeitsweise seiner Behörden sind nicht unbedingt durch Schnelligkeit gekennzeichnet. Im Vergleich zu Maio aber ist Praia eine hektische Metropole. Der Hauptort der Insel, Vila do Maio, wo sich auch der Flughafen befindet, ist ein verschlafenes Nest, in dem die Zeit stehengeblieben ist. Ohne die Autos und das elektrische Licht sähe man sich zurückversetzt ins 19. Jahrhundert. Hier grüßt jeder jeden, und die Hunde sind noch zahlreicher als in Praia.

Es ist acht Uhr morgens. Auf dem Spaziergang zur kleinen Uferpromenade auf einer Klippe oberhalb des Meeres zeigt sich mir ein Bild, als sei bereits Feierabend: Die wenigen Passanten schleppen sich mit einer Langsamkeit durch die Straßen, als hätten sie einen anstrengenden Arbeitstag hinter sich, der Großteil der Bevölkerung ruht sich aber am Straßenrand oder auf Bänken aus. Hunde haben es sich auf der Fahrbahn bequem gemacht, als gehörte sie ihnen. Sie blinzeln träge durch halb geschlossene Augenlider auf die Autos, die vorsichtig die lebenden Hindernisse umfahren. Am lebhaftesten sind die Ziegen, die emsig nach Futter suchen, und die auch Papiertüten und Kartonverpackungen nicht verschmähen.

Den zentralen Platz der Stadt dominiert die alte Kirche aus dem Jahre 1872, die bei der letzten Renovierung einen pastellfarbenen Anstrich erhalten hat und mit ihren roten und blauen Simsen, Kanten und Dachaufsätzen an einen riesigen Marzipankuchen erinnert. Den Kontrapunkt zur bunten und trotz ihrer Einfachheit verspielten Kirche bildet ein riesiger Landungssteg unten am Meer, der fast fertiggestellt ist. Er liegt am Südrand der riesigen Lagune, in der früher Salz gewonnen wurde, als ein Bote der neuen Zeit, die nun auch Maio über kurz oder lang erfassen wird. Dieses glatte und kühle Gebilde, diese nüchterne und zweckmäßige Masse aus Beton und Stahl, die mehrere 100 Meter in das flache türkisfarbene Meer hineinragt, steht in dieser weichen und warmen Umgebung aus Wasser und Sand wie ein Fremdkörper. Zweihundert Meter nördlich liegt der alte, hölzerne Landungssteg. Er besteht nur noch aus einigen verwitterten Stämmen und wirkt wie eine Konstruktion aus Streichhölzern.

Der Landungssteg soll in Zukunft zur Zementverladung genutzt werden. Ein portugiesisches Unternehmen will im Inneren der Insel, am Nordostrand des Monte Penoso, Zement produzieren. Es handelt sich um ein fragwürdiges Projekt. Allein der Transport der vorgesehenen Produktionsmengen zum Verladeort wird die Atmosphäre der Insel nachhaltig beeinträchtigen, von den Umweltbelastungen, die durch die Produktion selbst verursacht werden, ganz zu schweigen.

Aber es sind noch weitere Agenten der neuen Zeit unterwegs.

Spanier, Italiener und Deutsche wollen als Investoren die unberührten Strände für europäische Touristen erschließen. Maio verfügt über fast 30 Prozent aller Strände in Kap Verde. Der Flughafen soll zusammen mit den Hotelprojekten ausgebaut werden. Der moderne Tourist möchte eine bequeme Anreise ohne Zeitverlust und lästiges Umsteigen. Die Immobilienmakler brüsten sich, nun auch in Maio ans Werk zu gehen wie damals vor 30 Jahren auf den Kanarischen Inseln.

Unser Hotel Marilú, das mitten in der Stadt fast neben der Kirche liegt, ist der schlagende Beweis dafür, daß die Insel Kapital und modernes Know-how benötigt, wenn der Tourismus entwickelt werden soll. Wir haben die Suite Nr. 11, die im Grunde nur ein größeres Zimmer, aber bequem im Vergleich zu den Normalräumen ist. Wir können unsere Reisetaschen ohne größere Platzprobleme abstellen, und die Beleuchtung ist ausreichend. Das Bad aber befindet sich in einem schauderhaften Zustand. So ziemlich alles ist verrostet und ungepflegt, und nach jeder Dusche bewegt man sich in einem See. Das Frühstück besteht jeden Morgen aus einigen dünnen Scheiben Ziegenkäse und einem noch dünneren Kaffee, aus Brot, einer Banane und einem Töpfchen Marmelade von den Azoren.

Das Abendessen müssen wir vorbestellen, obwohl es angeblich alles gibt, was auf der großen Speisekarte steht. Beim Abendessen zeigt der Kellner um 22.00 Uhr ungeduldig auf die Uhr und grummelt dazu unverständliche Bemerkungen, um uns darauf hinzuweisen, daß wir nun genug von seiner Zeit beansprucht haben. Vorher konnten wir ihn nur mit Mühe überzeugen, daß wir den durchaus guten portugiesischen Rotwein lieber mit Zimmer- statt mit Kühlschranktemperatur genießen wollten.

Die Üppigkeit des Frühstücks, so stellen wir fest, hängt offenbar von der Anzahl der Tage ab, die man in dem Hotel verbringt. Eine Schweizer Reisegruppe nämlich, die schon länger hier ist und dieses Haus als Station für einen Badeurlaub nutzt, bekommt am Sonntagmorgen neben dem Ziegenkäse auch einige Scheiben rötliche „Fettaugenwurst", während Angelika und ich leer ausgehen. Wir können uns auch vorstellen, daß man ein Ei zum Frühstück serviert, denn Hühner gibt es auf Maio genug, aber angesichts der mürrischen Miene unserer Bedienung verzichten wir auf diese Anregung. Ich fühle mich zurückversetzt auf meine Posten in sozialistischen Ländern und in die Weiten Zentralasiens.

Es gibt aber auch Beispiele von Sorge um die Gäste. An einem Abend gebe ich ein Essen im zweiten Hotel am Ort für den Bürgermeister, Mitglieder des Gemeinderates und sonstige Honoratioren der Stadt. Es zieht sich über 22.00 Uhr hinaus. Wir sind gerade beim Grogue, als ein Bediensteter unseres Hotels auftaucht: Er übergibt mir den Hotelschlüssel, denn unser Haus schließt bereits. Das Essen ist rundum gut, die Portionen sind aber viel zu groß. Der Koch hat aus dem Vollen gewirtschaftet und wollte uns Hauptstadtgästen wohl zeigen, daß man auch auf Maio vernünftig essen kann. Er kommt mit seiner hohen Kochmütze an den Tisch, wir loben ihn und stoßen mit einem weiteren Grogue auf seine Kunst an, und wir erfahren, daß er viele Jahre zur See fuhr und Bremerhaven kennt.

Am nächsten Morgen erleben wir ein Beispiel dieser spontanen kapverdischen Hilfsbereitschaft und Unverkrampftheit, die immer wieder erstaunt und berührt: Der linke Vorderreifen unseres Mietwagens ist platt, und ich beginne, den Radwechsel vorzubereiten, komme aber nicht mehr dazu, ihn auch durchzuführen. Ein Hotelbediensteter sieht mein Malheur, kommt angelaufen, ich muß ihm den Schraubenschlüssel übergeben, und er macht sich an die Arbeit. Die Schrauben sind verrostet, und er muß kräftig zupacken. Mittlerweile hat sich eine Gruppe Kinder angesammelt. Erwachsene bleiben stehen, um wortreiche Anweisungen zu geben und den Fall ausgiebig zu diskutieren. Wir haben nichts mehr zu sagen, dies ist nun eine kapverdische Angelegenheit. Jetzt gibt der Hotelangestellte den Schlüssel ab: Ein junger, gut gebauter Mann mit schnittiger Sonnenbrille und einem bunten Hemd, das weit über der Brust geöffnet ist und auf der eine goldene Kette mit Kreuz blinkt, ist von den Fähigkeiten seines Landsmannes nicht überzeugt und zeigt, wie man es richtig macht. Dann ist alles erledigt. Der junge Mann verstaut Reserverad und Werkzeug im Auto, und ein Handschlag besiegelt das Werk.

Wir besuchen das Ehepaar Burkhart, das seit einigen Jahren auf Maio lebt. Beide vertreten die Initiative „Pro Maio", die von der Partnerstadt Glauburg in Süddeutschland finanziert wird. Glauburg unterstützt z.B. Deutschunterricht auf Maio, der auch mit Material des Goethe Instituts gefördert wird. Im Hauptberuf unterrichtet Frau Burkhart Französisch an der Oberschule von Vila do Maio, an der sie als angestellte Lehrerin des Erziehungsministeriums arbeitet. Die Burkharts sind auf der Insel bekannt: Ihr roter Kleinbus, aus dem sie die Schiebetüren entfernt haben, ist eine Art unentgeltliches Taxi und hält überall an, um Schulkinder oder Bauersfrauen mitzunehmen, die am Straßenrand auf eine Mitfahrgelegenheit warten.

Die Burkharts wohnen in Calheta, einem der größeren Orte an der Westküste, in einem traditionellen bäuerlichen Anwesen. Es besteht aus zwei kleinen Häusern, die durch einen Innenhof miteinander verbunden sind. Der Innenhof ist schattig und kühl, die grünen Pflanzen, die in Kübeln wachsen, haben eine entspannende Wirkung. Das Haupthaus hat einen glatten Riemenboden, der an einer Stelle etwas morsch geworden ist, und eine mit Ornamenten geschmückte Decke. Das Grundstück liegt sehr schön auf einer Halbinsel und hat sogar einen Wasseranschluß. Allerdings sind die Stromkabel noch nicht bis zu diesem Punkt gelangt. Man verbringt die Abende im hellen Schein von Camping-Gaslampen, die Waschküche dient als Kühlschrank, und die Wäsche rubbelt man auf dem Waschbrett.

Der Platz ist in seiner Einfachheit wahrscheinlich nichts für den Durchschnittstouristen, aber er hat seinen Charme: Die Halbinsel ist von Licht überflutet, durch die Fenster des Hauses blicke ich über ein halb vertrocknetes Maisfeld auf einen weißen Strand, der einen perfekt geschwungenen Halbmond bildet, und auf dem Fischer ihre bunten Boote an Land ziehen. Man hört das Rauschen der Wellen und Kinderstimmen aus der Nachbarschaft. Alles ist durchdrungen von jener intensiven Wärme, die man nur in diesen Breitengraden findet.

Ein paar Schritte entfernt in Richtung Strand liegt das Grundstück eines weiteren deutschen Ehepaares, dessen Haus bereits im Rohbau steht: Immer mehr deutsche Pensionäre interessieren sich für Kap Verde als Altersruhesitz. Das beständige Klima, die politische Stabilität, die Ruhe der Inseln und ihre noch in weiten Teilen bestehende Ursprünglichkeit sind die Hauptanziehungspunkte. Die Regierung hat seit einigen Jahren ein Programm für Rentner, das steuerliche und einfuhrrechtliche Vergünstigungen beinhaltet und mit dem man Umsiedlern die Inseln schmackhaft machen will.

Es ist Mittagszeit. Die hagere Nachbarin bringt einen riesigen Kochtopf mit Cachupa, dem traditionellen Gericht aus Mais, weißen Bohnen, Kartoffeln, Gemüse und Fleisch. Dieser Eintopf hat Hühnchenschenkel als Fleischeinlage, und wir langen kräftig zu. Als Getränk gibt es portugiesischen Rotwein der Marke „Bacus", der aus einem Tetra-Pack ausgeschenkt wird. Wir sind nach dem Essen mehr als gesättigt, das ziemlich schwere Gericht und der Wein machen uns müde. Wir überlassen uns der Siesta, und Wind und Wellen befördern uns schnell in den Schlaf.

Die Fahrt entlang der Westküste führt durch ein Gebiet, das an eine afrikanische Savanne erinnert. Das Gelände ist teils flach, teils leicht hügelig. Wegen der diesjährigen ausgiebigen Regenfälle ist der Grasbewuchs dicht und hoch. Weite Strecken sind mit Akazien aufgeforstet. Die Bäume stehen kräftig und in vollem Grün. Die gepflasterte Straße endet nach etwa zehn Kilometern und geht in eine gut befahrbare Piste über, die durch ausgetrocknete und mit Sand und Kies gefüllte Täler führt. Ein paar Ruinen deutscher Entwicklungshilfe kommen ins Blickfeld. Eine Gipsproduktion und zwei landwirtschaftliche Kooperativen sind nach dem Abzug der deutschen Experten eingegangen, und eine Keramikwerkstatt siecht dahin. Wie ich höre, handelte es sich um Aktivitäten des Weltfriedensdienstes.

Es gibt aber auch einen Beweis, daß es besser geht: Am Fuße des Monte Penoso reicht Süßwasser bis auf einige Meter an die Oberfläche. Ein kapverdischer Unternehmer hat weitläufige und gut gepflegte Felder angelegt und versorgt sie mit dem Wasser, das eine Dieselpumpe aus dem Brunnen befördert. In diesem Garten Eden wachsen Bananen, Süßkartoffeln, Zwiebeln, Pepperoni und Tomaten.

Die ausgedehnten Strände der Westküste machen mit hohen silberglänzenden Dünen auf sich aufmerksam. Auf der Landseite ist der helle Sand mit schwarzem Vulkanstaub vermischt, der in der Sonne glänzt, was den Dünen je nach Sonneneinfall ein eigenartig changierendes Aussehen verleiht. Trockengewächse befestigen die Sandmassen, und um dieses Postkartenbild zu vervollständigen, ragen im Hintergrund malerische Palmen in den tiefblauen Himmel.

Wir fahren jetzt nur noch querfeldein und in den Spuren anderer Geländewagen. Vor uns qualmt der Meiler eines Köhlers. Auf Maio wachsen reichlich Akazien, und die Insel versorgt ganz Kap Verde mit dieser harten Holzkohle, die langsam brennt und eine starke Hitze entwickelt.

Ein Mann, der vor uns an der Piste steht, stoppt uns mit einem Handzeichen. Ein kleiner Junge steht neben ihm. Ob er ein Stück mitfahren könne, fragt er. Die beiden steigen ein.

Nach ein paar Höflichkeitsfloskeln platzt der Mann unvermittelt heraus: „Wollen sie mein Haus kaufen? Es liegt hier ganz in der Nähe!"

„Warum wollen Sie es denn verkaufen?", frage ich zurück. „Ich bin Köhler", antwortet er, „aber ich verdiene nicht viel. Es reicht gerade so. Ich möchte nach Portugal, aber ich habe kein Geld, um den Flug zu bezahlen. Wenn ich mein Haus verkaufe, dann geht es, und ich kann auch noch Geld mit nach Portugal nehmen."

„Was wollen Sie dort machen?" will ich wissen.

„Ich werde arbeiten, irgendwas wird es schon geben." Die Stimme des Mannes klingt müde. Wir spüren, daß er für sich auf Maio keine Zukunft sieht. Es ist traurig: Inmitten dieser friedlichen Landschaft scheint alles voll Harmonie zu sein, aber dieser Mann hat nur den Wunsch, sie zu verlassen. Die Schönheit der Natur ist die eine Seite, Armut und Enge der Lebensverhältnisse sind die andere.

Die weite Dünenlandschaft, die wir jetzt erreichen, ist fast unberührt. Der breite Strand zieht sich bis an den Horizont hin. Nur einige Fußspuren von Fischern oder Tauchern, die mit der Harpune jagen, sind zu sehen. Wer ein Gespür hat für dieses Zusammenspiel von Wasser, Wind und Sand und für die Harmonie dieser intensiven Farben Blau, Türkis und Weiß, der hat spontan den Gedanken, daß dieser Teil der Insel, der weitgehend intakt ist in seinem natürlichen Gleichgewicht, unter Naturschutz gestellt werden sollte und daß es schade ist, wenn diese Landschaft Tourismusentwicklern überantwortet wird. Auch wenn die Planungen auf dem neuesten Stand und gut überlegt sind, alle ökologischen Fakten berücksichtigen, Ungleichgewichte vermeiden und Arbeitsplätze schaffen, so bleibt doch dieses Gefühl, daß man nicht immer alles machen muß, was man kann.

Eines ist auf jeden Fall deutlich: Wenn man sich die Pläne vor Augen führt, die derzeit diskutiert werden und die enorme Investitionen beinhalten, dann wird deutlich, daß deren Umsetzung die Insel völlig umkrempeln wird, nicht nur ökonomisch, sondern vor allem auch sozial. Die touristische Erschließung der Insel wird die Bewohner innerhalb weniger Jahre in ein anderes Zeitalter transportieren und sie einem radikalen sozialen Wandel unterwerfen, der einer Revolution gleichkommt. Dasselbe gilt für Boavista, das ähnliche Bedingungen aufweist.

Das Hauptthema meiner Gespräche mit Bürgermeister Ribeiro ist zwangsläufig die Entwicklung des touristischen Potentials der Insel. Touristisch gesehen ist Maio ein Rohdiamant, der geschliffen werden muß. Herr Ribeiro ist noch keine vierzig Jahre alt, und seine Gemeinderäte sind nicht viel älter. Sein Amtsbezirk ist nicht nur die Hauptstadt, sondern er umfaßt die ganze Insel. Mit knapp 7.000 Seelen ist die Einwohnerzahl aber gering.

Im Tourismus sieht der Bürgermeister das einzig realistische Entwicklungspotential seiner Insel. Seine Grundsätze lassen sich wie folgt zusammenfassen: Man muß bei der Entwicklung vorsichtig vorgehen, es darf kein unkontrollierter Massentourismus entstehen, und die Ökologie muß intakt bleiben. Mir kommen aber Zweifel, ob die Verantwortlichen der Insel wirklich ihrer Aufgabe gewachsen sind. Ich frage mich vor allem, ob sie mit ihrer vergleichsweise geringen Welterfahrung, die sich im wesentlichen auf Besuche der Kanarischen Inseln und der Azoren beschränkt, in der Lage sind, dem Ansturm gewiefter Unternehmer und nicht immer seriöser Geschäftsleute und Spekulanten standzuhalten und die Interessen der Insel zu wahren. Zudem gibt es ein grundlegendes Problem: Für touristische Investitionen ist letztlich die Zentralregierung verantwortlich, die sich bei Konflikten gegen den Willen des Bürgermeisters durchsetzen kann. Herr Ribeiro erfährt dieses Kompetenzgefälle bereits: Auf der Nordostseite der Insel soll ein Zementwerk entstehen. Dem Bürgermeister ist bewußt, daß dieses Werk dem Tourismus schaden kann, da vor allem nicht gesichert ist, daß es mit den neuesten Vorrichtungen gegen Umweltverschmutzung ausgerüstet wird. Auf jeden Fall, so der Bürgermeister, müsse man sorgfältig die Umweltaspekte prüfen, bevor die Fabrik gebaut wird. Man sieht, daß ihm dieses Projekt Kopfschmerzen bereitet.

Der Tourismus wird noch weitere Probleme mit sich bringen. Wie alle Inseln Kap Verdes kann sich Maio nur zu einem Bruchteil selbst mit Nahrungsmitteln versorgen, und eine industrielle Produktion gibt es nicht. Es muß praktisch alles importiert werden, womit sich die Frage nach den Verkehrsverbindungen stellt. Derzeit gibt es nur drei bis vier Flüge wöchentlich nach Praia, von denen meist einer wegen Kapazitätsproblemen der nationalen Fluggesellschaft ausfällt. Die altersschwache Fähre, die zwischen Praia und Vila do Maio verkehrt, legt nur einmal in der Woche an. Mit diesen Verbindungen sind die materiellen Bedürfnisse europäischer Touristen nicht zu befriedigen und sie erlauben auch nicht, die Touristen in den wirtschaftlich erforderlichen Zahlen auf die Insel zu transportieren.

Am Morgen unseres Abfluges nach Praia machen wir einen letzten Gang durch das Städtchen. Es ist friedlich, wie an den Tagen zuvor. Wir passieren die kleine Festung, von der aus man einen weiten Blick über den Strand hat, und die vielleicht irgendwann ein Restaurant oder einen Souvenir-Shop beherbergt. Stadt, Insel und Meer, dies alles paßt in seiner Einfachheit und Abgeschiedenheit zusammen. Es fällt schwer, sich an diesem abgelegenen Ort der Welt Touristenscharen vorzustellen.

Ein Jahr später besuche ich Maio erneut. Der Kai ist jetzt in Betrieb. Die wöchentliche Fähre aus Praia liegt dort fest und wirkt neben dem überdimensionierten Bauwerk wie ein Spielzeugschiff. Der Bau der Zementfabrik ist nicht mehr aktuell. Offenbar haben es sich die Investoren anders überlegt. Ansonsten zeigt die Stadt ihr altes Gesicht.

Dafür aber hat sich bei Burkharts etwas geändert. Der rote Mazda-Bus hat sich in einen Pick-up verwandelt. Das Dach wurde abgesagt, und auf der Ladefläche befinden sich zwei Sitzbänke. Die Mitfahrer können nun leichter ein- und aussteigen und ihre Mitbringsel auf dem Fahrzeug unterbringen. Das Haus der Burkharts ist an das Elektrizitätsnetz angeschlossen. Die Zeit der romantischen Beleuchtung mit Zeltgaslampen ist vorüber. Ein vermögender Deutscher kauft Grundstücke im Ort auf, um dort ein Restaurant und Ferienhäuser zu errichten. Die Neuzeit tastet sich vor auf Maio.

Am Abend treffe ich mich mit Bürgermeister Ribeiro und Burkharts zum Abendessen im „Bom Sossego", einem Hotel im Zentrum von Vila. Herr Ribeiro wirkt reifer und entschlossener. Seine Kontakte mit Investoren, die er in den letzten Monaten hatte, haben ihm deutlich gemacht, welche Veränderungen seiner Insel bevorstehen, falls die Vorhaben verwirklicht werden. Die geplante Bettenzahl wird die Einwohner der Insel um mehrere Tausend überschreiten. Dies beängstigt den Bürgermeister und lässt ihn stärker als zuvor daran zweifeln, daß die kleine Inselgesellschaft diesen Ansturm verkraften kann. Er denkt daran, einen Soziologen einzuschalten, der in speziellen Kursen und Vorträgen die Menschen auf den unvermeidlichen Zusammenstoß unterschiedlicher Kulturen und Verhaltensweisen vorbereitet. Die Entwicklung soll überschaubar sein und schrittweise erfolgen, um der Bevölkerung Zeit zu geben, sich anzupassen.

Jeder spürt, daß der Wandel, wenn auch zaghaft, eingesetzt hat, und daß man ihn wohl nicht aufhalten kann. Noch steht die Mehrheit der Einheimischen den kleinen, aber spürbaren Veränderungen unsicher und abwartend gegenüber. Die Trümpfe des Wandels fallen aber schon ins Gewicht: Die Bautätigkeit schafft Arbeitskräfte, die Ausländer werden nach zusätzlichen Dienstleistungen verlangen und weitere Arbeitsplätze schaffen. Dies ist bei der hohen Arbeitslosigkeit auf der Insel ein wichtiger Faktor, den der Bürgermeister politisch berücksichtigen muß.

Mit dem Mountainbike auf Maio

Maio ist gut geeignet für Fahrradtouren: Die Insel ist flach, die Steigungen sind mäßig, es gibt gut befahrbare Pisten, und die Entfernungen sind bequem zu bewältigen. Der größte Teil der Hauptstraße, die um die Insel herumfährt, ist gepflastert. Die Strecke zwischen Figueira im Süden und Cascabulho im Norden ist unbefestigt, aber problemlos zu befahren. Es ist eine von Autos festgefahrene Piste, die wenig Steine aufweist und durch malerische Ribeiras und Akazienwälder führt. Maio hat zudem den Vorteil, daß man sich kaum verfahren kann. Die Insel ist übersichtlich, und man kann sich leicht orientieren.

Die Straßen auf Kap Verde sind mit grob behauenen Steinen gepflastert und nicht ideal für Fahrräder. Man sollte nach Möglichkeit auf den Randstreifen fahren, und man kann streckenweise auch die von Kühen und Ziegen ausgetretenen Pfade benutzen, die entlang der Straße verlaufen. Es ist empfehlenswert, Verpflegung mitzunehmen, da man unterwegs nirgendwo einkehren kann. In den Ortschaften kann man Getränke kaufen, besser ist aber, von vornherein genug mitzuführen, da man auf den Zwischenstrecken viel Wasser benötigt. Übernachtungsmöglichkeiten existieren außer in Vila do Maio und in Morro nicht.

Die beste Jahreszeit ist das Winterhalbjahr, da die Sonneneinstrahlung geringer ist. Während der Regenzeit zwischen Juli und Oktober kann es passieren, daß die Pisten wegen der kurzen, aber heftigen Regengüsse unpassierbar sind, vor allem in den Ribeiras und den flachen Becken im Norden der Insel. Diese Jahreszeit ist zudem heiß und feucht. Man sollte sich auch im Klaren sein, daß in Maio, wie auf allen Inseln, fast immer ein Nordostwind weht, der ausgesprochen stark ist und auf der flachen Insel kaum natürliche Hindernisse findet, so daß er ungebremst weht und den Radfahrer mit voller Wucht trifft. Auf allen Strecken, die nach Norden oder Nordosten laufen, ist dieser Faktor zu berücksichtigen: Der Wind reduziert beträchtlich die Geschwindigkeit und erfordert einen zusätzlichen Kraftaufwand. Fährt man nach Süden oder quer zur Windrichtung, dann profitiert man allerdings von einer beträchtlichen Schubkraft. Auf einer Tour, die in Ellipsenform um die Insel führt, heben sich letztlich Bremsung und Beschleunigung durch den Wind auf.

Meine Rundfahrt Mitte Dezember 2000 begann mit einem Mißklang. Das Fahrrad traf aus Praia mit zwei Tagen Verspätung ein. Am Ankunftstag war es nicht auf dem Flug, der mich beförderte, weil die Maschine völlig mit Emigranten belegt war, die üblicherweise zu Weihnachten ihre Heimatinsel besuchen und mit doppeltem und dreifachem Gepäck anreisen. Dies führte dazu, daß das Fahrrad nicht mehr in den Laderaum paßte, denn die staatliche Fluggesellschaft, so teilte mir die Frachtabteilung in Praia auf meine telefonische Beschwerde mit, befördert vorrangig das Gepäck der Emigranten. Daß ich nur Handgepäck mit mir führte und mein Rad sicher nicht mehr Raum beanspruchte als die Bügelbretter, Fernseher, Autoersatzteile und das sonstige Gepäck der Emigranten, war ohne Belang.

Am folgenden Tag fiel der planmäßige Flug aus. Wie üblich wartete ich zunächst zwei Stunden inmitten von Gerüchten auf die planmäßige Maschine, bis der Stationsleiter mit einer Miene, als verkündete er den Tod seiner geliebten Mutter, die längst erwartete Erklärung abgab, daß für den Rest des Tages nicht mehr mit einem Flug zu rechnen sei.

Ich tröstete mich damit, daß für den nächsten Tag laut Flugplan bereits für 7.30 Uhr eine Maschine vorgesehen war. Es begann aber nun eine weitere Variante des Spieles, das die staatliche Fluggesell-schaft meisterhaft beherrscht, und das darin besteht, beliebige An-kunfts- bzw. Abflugzeiten herauszugeben, die dann nicht eingehal-ten werden, so daß man sich ziemlich an der Nase herumgeführt sieht. Mit acht Stunden Verspätung traf dann die Maschine doch ein, und ich konnte mein Fahrrad in Empfang nehmen.

Die Rundtour beginnt am „Bela Vista", einer Hotelanlage, die etwa zehn Kilometer nördlich von Vila do Maio liegt. Ich fahre nach Süden Richtung Inselhauptstadt. Nach drei Kilometern liegt auf der linken Seite der Flughafen, rechts erstreckt sich die langge-zogene Lagune, die früher zur Salzgewinnung genutzt wurde, aber schon seit langem brachliegt. Vor Vila do Maio macht die Straße zwei scharfe Knicke, um einer Ausbuchtung der Lagune zu fol-gen. An dieser Stelle steht ein Standbild der Mutter Gottes. In Vila folge ich zunächst der breiten Uferstraße, von der man einen weiten Blick über Strand und Fischerboote hat. An dem großen steinernen Christuskreuz, das auf einem rotgestrichenen Sockel steht, biege ich nach links in eine Nebenstraße ein. Die Stadt-kirche liegt wie ein Bühnenbild direkt vor mir. Es geht rechts an der Kirche vorbei Richtung Osten auf die Straße nach Figueira.

Hinter dem Ortsausgang steht die mit Diesel betriebene Ge-neratorstation, die den Ort mit Elektrizität versorgt. Daneben er-hebt sich die Ruine eines gut gemeinten, aber gescheiterten Entwicklungshilfeprojektes. Ein Windgenerator reckt seinen rie-sigen, stillgelegten Propeller in die Luft. Es soll sich, wie mir erzählt wurde, um einen Prototyp handeln, der kurz nach der In-stallation havarierte, aus irgendwelchen Gründen bislang nicht repariert werden konnte und nun langsam verrottet.

Die Landschaft, durch die ich fahre, ist völlig karg und unbe-wohnt. Der Wind streicht ungehindert über die flachen Hügel.

Der nächste markante Punkt ist nach elf Kilometern eine Anhöhe mit Wasserspeicher. Rechts geht eine Piste nach Barreiro und an die Strände im Süden. Von diesem Punkt übersehe ich das grüne Tal von Figueira. Dieser Ort ist schnell erreicht, denn die Straße läuft bis in den Ort bergab. Die Straße schlängelt sich in ein paar Windungen durch das Dorf und führt weiter durch die mit Kokospalmen und Gemüsepflanzungen bestandene Ribeira. Jetzt muß ich aufpassen, um die Abbiegung nach Pilão Cão in Richtung Norden nicht zu verpassen.

Nach Durchquerung der Ribeira erblicke ich rechts einen gemauerten Brunnen. Ein Windrad fördert das Wasser nach oben. Es geht nach links auf eine braune staubige Piste, die ich an Autospuren erkenne. Wer will, der kann geradeaus auf der Straße weiterfahren, die kurze Zeit später in eine Piste übergeht. Diese führt zu dem Weiler Ribeira Dom João, der auf einem stumpfem Hügel liegt, und von dem aus sich ein schöner Blick über das Meer bietet. Für diesen Abstecher muß man acht Kilometer rechnen.

Die Piste führt jetzt Richtung Nordosten, und der Wind trifft mich frontal. Ich durchquere auf den nächsten Kilometern eine baumlose und völlig ausgetrocknete Hochfläche, die von flachen Rinnen durchzogen ist und mich lebhaft an Landschaften in Zentralasien erinnert. Die Hochebene läuft aus in eine unbebaute Ribeira. Bei Kilometerstand zwanzig erreiche ich ein markantes Naturdenkmal. Ein uralter Figueira-Brabo (Ficus sycomorus) hat in dieser Wüste allen Widrigkeiten getrotzt; ich weiß nicht, wie viele Jahre, aber angesichts des knorrigen und massiven Stammes müssen es hunderte sein. Der unablässig blasende Nordostwind hat den Baum bizarr verformt: Er beugt sich mit seinem dicken Stamm sichelförmig nach Süden und erinnert an einen alten, von vielen Mühsalen gedrückten Menschen.

Einige hundert Meter weiter beginnt der grüne Teil der Ribeira. Ein zerfallenes Gebäude mit einem aus Ziegeln gemauerten Kegeldach, das am Rande unbebauter Felder liegt, gehörte einst zu einer Agrar-Kooperative des Weltfriedensdienstes, die einging, nachdem die deutschen Experten gegangen waren. Vom Bürgermeister hörte ich, daß man überlegt, diese Fläche wieder zu nutzen. Ich habe meine Zweifel, weil dies nicht ohne Anfangsinvestitionen geht, die ich mir bei dem chronischen Geldmangel der Gemeinde kaum vorstellen kann.

Ich erreiche nun Pilão Cão, ein Straßendorf mit bunt angestrichenen Häusern. Am Ortsausgang in Richtung Alcatraz befindet sich ein Gebäude, das in dieser Gegend irgendwie deplaziert wirkt. Es ist der Rohbau einer Kirche, für dessen Vollendung wohl das Geld nicht mehr reichte. Die Ausführung in Naturstein ist ungewöhnlich, da die Kirchen in Kap Verde üblicherweise verputzt und weiß gestrichen sind.

Alcatraz liegt verstreut auf einigen flachen Hügeln. Die Piste führt links vorbei, und es gibt auch keinen Grund, die Ansiedlung zu besuchen. Wieder zeigt sich Maio von seiner kargen Seite. Die Landschaft ist leer und fällt nach rechts als weite Ebene zum Meer hin ab. Die Piste läuft jetzt nah am Monte Penoso entlang, dem höchsten Berg der Insel, der von jedem Punkt Maios aus zu sehen ist.

Schon von weitem erkenne ich, nachdem einige Hügel genommen sind, die kleine Kirche Nossa Senhora do Rosário. Sie steht, geschützt vor dem Passatwind, am südwestlichen Rande einer fast 300 Meter hohen Erhebung. An der Kirche geht es rechts vorbei auf der einzig bemerkenswerten Steigung dieser Rundtour. In der Nähe der Kirche befindet sich, von der Piste aus nicht zu erkennen, ein verlassenes Dorf.

Bei Kilometerstand dreißig erreiche ich einen kleinen rot-weißen Sendemast. Links unten liegt in der Ribeira das Dorf Pedro Vaz, das mehr oder weniger wie alle anderen aussieht, die ich bisher durchfahren habe. Die Ribeira jedoch ist eine idyllische Attraktion. Hier wird intensiver Ackerbau betrieben. Ich sehe Windräder, Kokospalmen, Mais und Zuckerrohr.

Die Ribeira führt in eine mit Akazien bestandene Ebene, die mich mit ihrer rostbraunen Erde an Namibia erinnert. Die Piste ist breit und gut befahrbar. Cascabulho, der nächste Ort, ist schnell erreicht. Die Straße ist ab hier gepflastert. Nach der weichen Sandpiste muß ich mich an den harten Untergrund gewöhnen. Auf leicht abschüssiger Strecke fahre ich nach Morrinho. Dort wird die Strecke unübersichtlich. Ich will in das Gebiet der Salinas, eine unbewohnte Fläche von etwa 50 Quadratkilometern, die den nordwestlichen Teil der Insel bedeckt und ein riesiges flaches Becken bildet. Ich frage Jugendliche, die auf der Dorfstraße stehen, nach dem Weg. Einer von ihnen begleitet mich ein Stück weit, um mir in dem Gewirr von Pisten und Trampelpfaden, die aus dem Dorf hinausführen, die richtige Strecke zu zeigen.

Die Landschaft ist hier völlig verändert. Dieser Teil der Insel ist flach wie ein Tisch. Auf dem braun-roten Boden wachsen Büschel von Nadelgewächsen. Links vorn flimmern silberne Dünen am Horizont und zeigen die Santana-Bucht an. Mehr nach rechts und quer zu meiner Fahrtrichtung erstreckt sich eine helle Dünenkette am Horizont. Ich folge einer ausgefahrenen Autospur. Je weiter ich in dieses verlassene Gebiet eindringe, um so salziger wird die Oberfläche. Der Boden ist durch aufsteigendes Meerwasser versalzt. Während der Regenzeit füllt sich das Becken mit Süßwasser, das sich mit Salz anreichert und nach dem Eintrocknen eine Salzkruste zurückläßt. Während der Regenzeit dürfte dieses Gebiet völlig verschlammt und kaum passierbar sein. Mittlerweile habe ich achtundvierzig Kilometer zurückgelegt. Links taucht am Horizont ein rechteckiges Gebäude auf, das ich nach einem Kilometer erreiche. Es liegt an einer kleinen felsigen Bucht, in der zwei hölzerne Fischerboote festgemacht sind. Das Gebäude dient als Station für die Fischer, die hier Treibstoff und Ausrüstungsgegenstände lagern und ihren Fang anlanden. Die Außenmauern sind mit naiver Malerei geschmückt, Fische und Boote sind zu erkennen. Nun mache ich auch den Leuchtturm von Ponta Cais aus, bei dem es sich um ein Stahlgerüst handelt, auf dem das Leuchtfeuer montiert ist.

Das Gebiet der Salinas ist bekannt für seine Fata Morgana. Sie bildet sich im vegetationslosen Zentrum eines Salzsees. Inmitten der Einöde schimmert nämlich ein flacher See, über dem die Luft flimmert. Die Landschaft erinnert mich an die Karakum-Wüste in Turkmenistan, wo ich Luftspiegelungen beobachten konnte, die so ausgedehnt waren, daß sie ganze Küsten-landschaften und Inseln im Meer vorgaukelten.

Die Farbpalette, die mich umgibt, ist faszinierend: Linker Hand liegt gold-gelb die Praia Real, die silbrig-glänzende Dünen zum Land hin abgrenzen. Das Wasser zeigt alle Schattierungen von tiefblau bis türkisgrün, und rechts erstreckt sich die rotbraune Ebene der Salinas, die gesprenkelt ist mit dunkelgrünen Büschen. In den Luftspiegelungen, die wie Quecksilber zittern, schwimmen die Pflanzenbüschel als tiefschwarzes Treibgut.

Ich fahre jetzt, immer Wagenspuren folgend, nach Südosten, um die Salinas Richtung Cascabulho zu durchqueren. Die Piste ist weich, ohne daß die Reifen zu tief einsinken. Die Hitze nimmt zu. Die Salzverkrustungen bilden eine durchgehende Schicht, die unter dem Druck des Fahrrades zerbröselt. Der Untergrund ist trocken wie Schießpulver, feiner Staub weht empor und wird vom Wind hinter mir hergetrieben. Mein Trikot hat mittlerweile die Farbe des Untergrundes angenommen.

Diese Fahrt durch die Salinas hat etwas Berauschendes: Die totale Einsamkeit und Ruhe, die unmittelbaren und kräftigen Eindrücke von Landschaft und Natur, durch die ich mich wie schwebend bewege, versetzen mich in eine Hochstimmung, in der ich mich mit meiner Umgebung in völliger Harmonie fühle. Ich könnte stundenlang weiterfahren.

Akazienwälder kündigen an, daß ich an den Rand der Salinas komme, und bald bin ich wieder in Cascabulho. Ab Morrinho geht es nun auf der Rundstraße weiter Richtung Süden. Hier beginnt das Gebiet der ausgedehnten Akazienwälder, die sich über etwa 10 Kilometer bis über Calheta hinaus erstrecken. An der Aufforstung dieses Gebietes hat sich auch Deutschland beteiligt. Diese Pflanzungen sind für kapverdische Verhältnisse dicht und gut entwickelt. Das Terrain ist gut ausgewählt. Das Wasser fließt von den Hügelketten, die landeinwärts liegen, nach Westen zur Küste. Es handelt sich um leicht geneigte Ebenen, die mit feinem Schotter und mit Erde aufgefüllt sind und in denen sich das Wasser sammelt.

Der Boden ist fruchtbar. Das Gebiet zwischen Straße und Küste wird intensiv bewirtschaftet. Die Felder sind zum Schutz gegen Tiere und Wind mit lose geschichteten Steinmauern umgeben. Es lohnt sich, ein Stück zur Küste zu fahren, um sich einen Eindruck von der Landwirtschaft zu verschaffen. Auch Calheta, das in der Mitte zwischen Morrinho und Morro liegt, ist einen Besuch wert, denn es liegt an einer malerischen Bucht. Von dort ist es nicht mehr weit bis zu meinem Ausgangspunkt, dem Hotel Bela Vista. Als ich dort ankomme, habe ich fünfundsiebzig Kilometer zurückgelegt.

Boavista – der Sandkasten

Boavista ist die am weitesten östlich gelegene und mit 620 Quadratkilometer Oberfläche drittgrößte Insel Kap Verdes. Sie hat nur etwas mehr als 4.000 Einwohner und ist mit knapp sieben Einwohnern pro Quadratkilometer die am dünnsten besiedelte Insel. In ihrer fast gleichmäßig runden Form zeigt sie deutlich ihren vulkanischen Ursprung, und in den Jahrmillionen seit ihrer Entstehung ist sie stark verwittert, so daß die Erhebungen, die über die ganze Insel verteilt sind, nur knapp 400 Meter erreichen. Boavista ist durch trockene Ebenen und große Sandflächen gekennzeichnet. Wasser tritt regelmäßig nur in einigen Ribeiras nah genug an die Oberfläche, um Ackerbau zu ermöglichen.

Diese abgelegene und unwirtliche Insel, deren Küsten wegen der unzähligen Riffe, Klippen und Untiefen bei den Seefahrern berüchtigt sind, kann eines der touristischen Zentren des Landes werden. Der Grund sind die ausgedehnten Sandstrände, deren Gesamtlänge 52 Kilometer beträgt und die weitgehend unberührt sind. Die ganze Insel ist von Sandstränden gesäumt, die nur an einigen Stellen von Felsküsten unterbrochen werden. Boavista verfügt über 52 Prozent der gesamten Sandstrände Kap Verdes.

Bei dem Anflug von Westen auf den Flughafen der Insel, der südlich der Hauptstadt Sal Rei liegt, fällt schon aus weiter Entfernung einer dieser Prachtstrände auf: Die Praia da Chave erstreckt sich in sanftem Schwung über zehn Kilometer, breit, hell und zum Lande hin durch flache Hügel abgeschirmt. Blendend hebt sich der Sandstrand von den gedämpften Farben der Felsen ab, die von dunkelbraun über rostfarben in allen Schattierungen bis zu einem fahlen Lehmgelb reichen. In Strandnähe geht das tiefblaue Wasser des Atlantik in ein unbeschreiblich intensives

Türkis und Grünblau über, das fast kitschig wirkt, und dessen Intensität durch den weißen Schaum der Brandung unterstrichen wird. Beim Abflug, wenn das Flugzeug eine weite Linkskurve zieht, um in Richtung Praia zu schwenken, ist das Wrack eines Frachtschiffes zu sehen, das in der weiten Bucht gesunken ist und dessen Aufbauten in dem kristallklaren Wasser in allen Einzelheiten zu erkennen sind.

Im Süden der Insel zeigt sich dasselbe Bild: Die „Praia do Curralinho", der Strand „Santa Mónica" und die „Praia do Sul" sind endlos, unglaublich breit, sauber und unberührt von Touristen. Höchstens einige Fischer und Viehherden verirren sich in diese Gebiete. Im Norden und Nordosten der Insel wieder dasselbe: endlose Strände, Sanddünen, Wasser und Wind im Überfluß und eine ursprüngliche, menschenleere Landschaft. Wind ist in der Tat im Überfluß vorhanden. Der Nordostpassat, der kräftig wehen kann, türmt die Wellen so hoch, daß sie mit lebensgefährlicher Wucht auf den Strand fallen.

Boavista ist bekannt als Insel der Meeresschildkröten. An der Praia das Gatas stoßen wir inmitten des Treibguts, unter dem sich auch viele Plastikflaschen, Teile von Fischernetzen und jede Art von schwimmbarem Müll befinden, auf die breiten ausgebleichten Rückenpanzer dieser Tiere. Die Schildkröten kommen hier an Land und legen ihre Eier, um sie von der Sonne ausbrüten zu lassen. Leider jagen die Einheimischen die Schildkröten, obwohl sie geschützt sind. Die Skelette sind traurig anzusehen. Es ist aber nicht so einfach, einem Fischer klarzumachen, daß er diese Jagd, die er von seinen Vorfahren übernommen hat und die für ihn selbstverständlich ist, nun nicht mehr ausüben darf. Der Staat ist auch gar nicht in der Lage, das Verbot zu überwachen und durchzusetzen. Auch auf Santiago sieht man hin und wieder Fischer mit erbeuteten Schildkröten, und in den Andenkenläden werden polierte Schildkrötenpanzer angeboten.

Boavista ist vor allem, und das macht den Reiz aus, die Insel des Sandes, den der Wind seit Urzeiten aus der Sahara anweht, der aber auch aus der Verwitterung des Inselgesteins selbst stammt. Fast 90 Quadratkilometer der Insel sind mit Sand oder Dünen bedeckt, hauptsächlich der nordwestliche Teil. Wer vom Flughafen Rabil zur Hauptstadt Sal Rei fährt und die alte portugiesische Kolonialstraße benutzt, der bewegt sich durch ein Gebiet, das an Nordafrika und die Sahara erinnert. Der Nordostpassat kann über dieses offene Gebiet, das sich wie eine riesige Windschneise schräg über die Insel zieht, ungehindert hinwegblasen. Auf den ausgedehnten weiß-grauen Sanddünen wachsen Tamarinden, die wahrscheinlich im 19. Jahrhundert gepflanzt wurden, um den Sand zu befestigen. Sal Rei, das am südwestlichen Rand dieser Dünenlandschaft liegt, ist in seiner Geschichte mehrmals fast in den Sandmassen untergegangen. Die Wanderung der Dünen in Richtung Stadt ist selbst heutzutage nur mit Mühe zu kontrollieren.

Sal Rei hat den Höhepunkt seiner Geschichte seit über einhundert Jahren hinter sich. Mitte des 19. Jahrhunderts wurden die Salinen geschlossen, die der Stadt über 300 Jahre Wohlstand brachten. Den zentralen Platz säumen stattliche mehrstöckige Häuser, die von dem einstigen Reichtum zeugen. Geschichte sind auch die Kalkgewinnung und die Keramikproduktion. Alte Brennöfen, die an der Praia da Chave stehen und halb vom Sand verweht sind, weisen auf diesen ehemals florierenden Industriezweig hin. Die Bevölkerung lebt von Fischfang, Arbeitsprogrammen der Regierung und Überweisungen der Emigranten. Wahrscheinlich wird in den kommenden Jahren der Tourismus zum entscheidenden Wirtschaftsfaktor.

Touristische Vorreiter auf Boavista sind die Italiener. Nördlich von Sal Rei liegt auf einer Klippe die Hotelanlage „Marine Club". Sie ist die beste der Insel und sicher eine der attraktivsten in ganz Kap Verde. Sie wurde im Jahre 1997 in Betrieb genommen, ist erfolgreich und expandiert. Die Anlage besteht aus flachen Bungalows und paßt sich hervorragend der Klippe an, auf der sie errichtet wurde. Man hat hier auf Masse verzichtet, und das war eine gute Entscheidung. Hinter dem Hotel erhebt sich ein Felsen, den man auf der nördlichen Seite bequem besteigen kann. Von dieser Höhe hat man einen weiten Blick über die Insel: Im Norden sieht man die Costa da Boa Esperança, eine wilde, mit Sand überwehte und stark verwitterte Sandsteinküste. Dort liegt ein verrostetes Schiffswrack auf dem Strand. Nach Süden geht die Sicht über die Dünenfelder und den Campo da Serra entlang der Küste bis weit hinter die Praia da Chave.

Das Hotel Duna liegt in der Nähe des Hafens. Es wurde zwar modernisiert, kann aber nicht verbergen, daß es schon älter ist. Den Hafen sollte man bei Sonnenuntergang besuchen, wenn das milde Licht der untergehenden Sonne frontal in die Bucht fällt. Das flache Haus im Kolonialstil, das direkt an der Hafenstraße liegt und den Zoll beherbergt, verdient eine eigene Betrachtung: Es steht so zierlich, als sei es ein aus Pappe geschnittenes Modell. Die dunkelroten Türen kontrastieren harmonisch mit den himmelblauen Wänden und den weißen Fenstereinfassungen. Die Patina des Alters hat den Farben eine vornehme Blässe verliehen. Die Kolonnade, die sich entlang der Gebäudefront zieht und den Bürgersteig beschattet, trägt eine weiße Blende, deren geometrische Durchbrüche aussehen, als seien sie mit der Laubsäge gearbeitet.

An der Praia da Chave hat ein portugiesischer Unternehmer

das Hotel Estoril gebaut. Die Wanderdünen bewegen sich auf dieses Hotel zu. Der Platz vor dem Gebäude ist bereits mit Sand überweht, und am Hoteleingang haben sich die ersten Dünen gebildet. Dennoch ist an dieser Stelle ein weiteres Hotel geplant. Etwas weiter südlich steht der Rohbau einer ausgedehnten, aber leider sehr kasernenartigen Hotelanlage. Wie ich höre, befinden sich die Investoren im Streit, so daß die Arbeiten schon seit längerem gestoppt sind. Einige kleinere Familienhotels und Pensionen vervollständigen das Hotelangebot der Insel. Ein Franzose betreibt eine Surf-Schule. Für ihn ist die flache Bucht vor der Hauptstadt ein ideales Surf-Gewässer.

Trotz der attraktiven Strände steht ein Investor auf Boavista vor einem Bündel von Problemen, die typisch sind für die isolierten und unterentwickelten Inseln Kap Verdes. Die Anbindung an die übrigen Inseln des Archipels, insbesondere an den internationalen Flughafen Sal, über den praktisch alle Touristen einreisen, und an die Hauptinsel Santiago ist sehr bescheiden. Die Flugverbindung halten kleine zweimotorige Propellermaschinen, die ein geringes Fassungsvermögen haben und mit niedriger Frequenz fliegen. Die Flüge werden häufig gestrichen, so daß oftmals pro Woche nur zwei Flüge stattfinden. Die Schiffsverbindungen sind genauso schlecht.

Lebensmittel und Frischgemüse werden aus Santiago herbeigeschafft. Was auf Santiago nicht zu finden ist, muß aus dem Ausland importiert werden. Wegen der schlechten Verbindungen bleiben die Importe häufig irgendwo liegen. Der Zoll arbeitet kompliziert und zeitraubend. Viele Lebensmittel sind verdorben, wenn sie ausgeladen werden. Die Leitung des Marine Clubs versucht, das Problem zumindest teilweise zu lösen. Mit Bauern in der Ansiedlung Norte, wo brackiges Grundwasser zutage tritt, wurden Verträge geschlossen. Die Bauern erzeugen Gemüse, dessen Samen aus Italien importiert wurde, und verkaufen es an das Hotel.

Ein weiteres Problem ist das unzureichende Straßennetz. Nur die Strände im Süden der Insel und der Bereich Norte im Nordosten sind einigermaßen erschlossen. Die Strände im Norden sowie der gesamte Osten der Insel bis hinunter an die Südspitze sind nur mit dem Geländewagen erreichbar. Der Osten ist ohnehin besonders unwirtlich. Die Ebene, die auf diesem Teil der Insel zum Meer hin abfällt, ist eine Steinwüste mit minimalem oder völlig fehlendem Bewuchs. Die Piste ist in dem rauhen Gelände kaum erkennbar und schüttelt unbarmherzig das Auto und seine Insassen durch. Man kommt nur langsam vorwärts. Für eine Rundfahrt um die Insel, die mit Abstechern an einige Strände etwa 100 Kilometer umfaßt, benötigen wir beinahe zehn Stunden. Das Gebiet ist menschenleer. Auf 40 Kilometer gibt es nur zwei kleine Ansiedlungen. Ich kann mir schlecht vorstellen, daß hier ein Touristenparadies entstehen soll, zumal die Nordostwinde besonders stark auf diesen Teil der Insel treffen.

Der Bürgermeister hebt, als ich mit ihm über die touristische Zukunft der Insel spreche, einige Dinge hervor. Noch nicht einmal alle Bewohner verfügen über elektrischen Strom. Viele haben Schwierigkeiten, ihr tägliches Wasser zu beschaffen. Die Insel verfügt mit gut 4.000 Einwohnern längst nicht über ausreichend qualifizierte Arbeitskräfte, um einen Tourismusboom zu bewältigen. Erst seit einigen Jahren gibt es in Boavista überhaupt die Möglichkeit, das Abitur zu machen. Die Bevölkerung ist nicht an Ausländer gewöhnt und betrachtet deren Zustrom mit Vorbehalten, nicht nur deshalb, weil es mittlerweile Restaurants oder Bars gibt, die der Einheimische meidet, weil die Preise zu hoch sind: Man ist in Boavista ein wenn auch eintöniges und einfaches, aber doch friedliches und geordnetes Leben gewöhnt, an dem man festhalten will und das man von den Touristen bedroht sieht.

Die Investoren lassen sich offenbar von all den Mängeln nicht sehr beeindrucken. Die Reisebranche sucht fortwährend neue Ziele. Wer Boavista ins Auge gefaßt hat, der hat meist schon Absichtserklärungen der Reiseveranstalter bei sich, die garantieren, die neuen Hotels auch zu füllen. Natürlich reicht der kleine und nur für Propellermaschinen nutzbare Flughafen der Insel bei weitem nicht aus, aber in der geplanten Investitionssumme ist der Betrag für den Ausbau des Flughafens eingeschlossen, so wie man das in Maio machen will. Auch die fehlende oder unzureichende Anbindung der Strände an das marode und kaum vorhandene Verkehrsnetz schreckt nicht ab. Dann wird eben die Straße neu gebaut oder die schon bestehende erweitert. Die Versorgungsprobleme sieht man auch nicht als sonderlich groß an. Es ist nur eine Frage der Organisation, vom Nagel über Lebensmittel bis hin zum Toilettenpapier alles zu importieren. Die üblichen Schwierigkeiten mit der Zollabfertigung überbrückt man mit einer ausreichenden Lagerhaltung, und für Süßwasser sorgen Entsalzungsanlagen. Die Arbeitskräfte, insbesondere Fachkräfte und Vorarbeiter, die auf der Insel nicht zu bekommen sind, werden aus dem Ausland mitgebracht, oder auf den anderen Inseln angeworben. Völlig überzeugt bin ich aber nicht, daß man all diese Kosten, deren Umfang man gar nicht überblickt, auch tragen kann. Man will ja auch Gewinne machen.

So befindet sich Boavista offenbar endgültig auf dem Weg in das Tourismuszeitalter. Dies ist sicherlich auf längere Sicht die einzig reelle Chance der Insel, die wirtschaftliche Stagnation zu beenden. Aber wohin führt dieser Weg? Es sieht leider so aus, als seien die Kanarischen Inseln das Vorbild. Man kann nur hoffen, daß Kap Verde den Fehler vermeidet, der an vielen Orten der Welt gemacht wurde, und wo sich einst unberührte und eigenständige Landschaften in laute und überfüllte Plätze verwandelten. Die Regierung hat zumindest erkannt, daß eine koordinierte Entwicklung der Insel erforderlich ist und hat per Gesetzesverordnung eine Entwicklungsgesellschaft für Boavista gegründet. Es wird Aufgabe dieser Gesellschaft sein, eine harmonische Entwicklung zu gewährleisten, die ökonomische, soziale und ökologische Belange gleichermaßen berücksichtigt.

Santo Antão – die Grandiose

Die Fähre, die zwischen Mindelo und Porto Novo auf Santo Antão verkehrt, ist altersschwach und verrostet. Sie liegt mit leichter Schlagseite am Kai. Die Fahrgäste drängen sich mit Sack und Pack über die enge Falltreppe auf das Schiff, um einen günstigen Sitzplatz zu ergattern. Träger bieten sich an, um für ein paar Mark die Gepäckstücke an Bord zu hieven und zu verstauen.

Mit nur wenig Verspätung setzt sich die „Ribeira do Paúl" in Bewegung. Die Schlagseite ist, nachdem die Ladung verstaut wurde, größer als vorher. Kein Grund zur Beunruhigung: Die Strecke ist nur vierzehn Kilometer lang, und die Überfahrt dauert nur eineinhalb Stunden. Was soll da schon passieren?

Der Hafen von Mindelo ist ruhig. Wir erreichen die Vogelinsel, die wie eine riesige kegelförmige Boje in der Hafeneinfahrt aus dem Wasser ragt. Nun beginnt unsere Fähre zu stampfen. Der Kanal von São Vicente, so heißt die Meerenge zwischen Santo Antão und São Vicente, ist berüchtigt: Der Nordost treibt das Wasser durch diese Enge wie durch eine Düse, und fast immer haben die Wellen Schaumkronen. Es dauert nicht lange, und die ersten Passagiere beugen sich über die kleinen Plastikeimer, die überall auf dem Deck herumstehen.

Santo Antão erstreckt sich als grau-braune, gezackte Felswand quer vor uns. Das Gebirge fällt in elegantem Schwung zum Meer hin ab. Je näher wir der Insel kommen, desto imposanter recken sich die Felsmassive in die Höhe. Jetzt erkennt man schon Porto Novo als eine Ansammlung grauer Häuser.

Die Insel ist, soweit vom Schiff zu erkennen, eine gebirgige Wüste, aber erstaunlicherweise sind die Gebirgskämme grün. Nun schiebt sich die Fähre zur Freude aller, besonders auch der

Seekranken, in den Hafen von Porto Novo, den eine massive Betonwand zum Meer hin abriegelt.

Auf dem Kai erwartet uns Aires, der in den nächsten Tagen unser Führer ist. Wir erkundigen uns, woher sein Name kommt, denn er ist nicht portugiesisch und sowieso ungewöhnlich. Wir hören, daß sein Vater vor vielen Jahren nach Argentinien auswanderte und in der Hauptstadt Buenos Aires lebt. Daher der Spitzname „Aires", mit dem ihn jeder ruft. Der richtige Vorname ist längst außer Gebrauch. Aires arbeitet zusammen mit Zeka, der einen blauen Toyota-Kleinbus fährt und unser Gepäck verstaut. Auf dem Kai wimmelt es von Leuten und Gepäckstücken. Eine lange Reihe von Kleinbussen wartet auf Mitfahrer. Die Busse nennt man Aluguers. Jeder kann sie anhalten, um gegen ein Entgelt mitgenommen zu werden.

Bevor es los geht, trinken wir etwas im Café Serei, das oberhalb des Hafens liegt. Von der Terrasse hat man einen Panoramablick auf São Vicente, dessen Hafen sich nach Santo Antão hin öffnet. Das Hafengebäude von Porto Novo ist gebaut wie der Deckaufbau eines Dampfers einschließlich der Schornsteine, was kurios wirkt.

Gegenüber dem Hafen steht eine Skulptur: Eine Afrikanerin winkt mit ihrem Kopftuch in Richtung Meer. Vor ihr steht ein großer Mörser, in dem die Frauen den Mais zerstampfen. Die Frau hat den linken Arm auf die Schulter eines Kindes gelegt, das vor ihr steht und mit gesenktem Kopf nach unten schaut. Die portugiesische Widmung sagt, frei übersetzt: „Möge man sich ihrer immer erinnern, auf diesem Flecken aus Erde und Fels, der geliebten noblen Gestalt, der Frau von den Inseln Kap Verdes!"

Wir sind nach Santo Antão gekommen, um zu wandern. Der Ausgangspunkt unserer ersten Wanderung ist der Cova-Krater, der knapp 1.200 Meter hoch ist und nördlich von Porto Novo liegt. Über eine Asphaltstraße, die sich in einem derart guten Zustand befindet wie selten in Kap Verde, ist der Krater gut zu erreichen. Während der Auffahrt hat man von allen Stellen einen großartigen Blick auf São Vicente, das 16 Kilometer hinter uns liegt.

Die Straße führt in den kreisrunden Krater und ist gesäumt von dichten, hochgewachsenen Nadelbäumen. Auf dem Kraterboden wächst Mais. Die ganze Umgebung ist unglaublich grün. Bunte Blumen, Kakteen, Büsche und verschiedene Nadelgehölze überwuchern die steilen Kraterwände. Die Üppigkeit der Pflanzenwelt ist frappierend und für kapverdische Verhältnisse einzigartig. Ich fühle mich in die Alpen versetzt.

Ausgangspunkt der Wanderung ist eine Pflanzenzuchtstation des Agrarministeriums. Sie liegt am östlichen Rand des Kraters und ist etwas heruntergekommen. Mit ihren terrassenförmig angelegten Beeten, die von alten Akazien umstanden sind, und mit dem weiten Blick über die Kraterfläche erinnert sie an eine römische Villenanlage. An zerfallenen Häusern vorbei, die nach Auskunft von Aires die ältesten der Insel sind, beginnen wir den Aufstieg auf den Kraterrand. Der Weg führt vorbei an Orangenbäumen, Weinreben und Purgierbüschen. Aus den PurgierNüssen stellte man früher Öl her zur Beleuchtung der Häuser.

Der Pfad windet sich aufwärts durch steingesäumte Terrassenfelder. Oben angekommen, eröffnet sich ein atemberaubender Blick: Wir schauen in die breite Ribeira do Paúl, die sich zum Meer hin öffnet. Die Kraterwand fällt fast senkrecht Hunderte von Metern hinab. Das Tal liegt so tief unter uns, daß wir das Gefühl haben, in einem Flugzeug zu sitzen. Links und rechts erheben sich 1.000 Meter hohe gezackte Felswände, die das Tal wie eine riesige Bühne begrenzen. Ganz unten, tief in der Ribeira, schlängelt sich ein Gebirgsbach durch grüne Zuckerrohrfelder und Bananenplantagen. Die Dramatik der Berglandschaft und die Üppigkeit der Pflanzenwelt erinnern an die spektakulärsten Aussichten auf Madeira.

Aber wie kommt man an dieser steilen Wand nach unten? Die Lösung ist ein in den Fels gehauener schmaler Pfad. Er windet sich in engen Kurven bergab, so daß man praktisch über dem Kopf desjenigen steht, der eine Etage tiefer geht. Die Wand ist auf dem ersten Drittel so steil, daß man den Pfad auf der Talseite mit einer Mauern begrenzt hat, um Abstürze zu vermeiden. Es handelt sich um einen alten Lastpfad, auf dem man früher Güter beförderte, die in dem Hafen von Paúl angelandet wurden. Trotz der vielen Windungen ist der Abstieg steil, und er geht mächtig in die Knie.

An diesen Felsen ist kein Ackerbau möglich. Weiter unten jedoch, wo die Hänge sanfter ausschwingen, erwartet uns auf säuberlich angelegten Terrassen ein botanisches Paradies. Hier wachsen Kaffee, Zuckerrohr, Bananen, Papaya, Orangen, Mango und Brotfruchtbäume. Um uns herum rauscht es: Wasser wird in kleinen Kanälen, den sogenannten Levadas, herangeführt und auf die Terrassen verteilt. Die Anlagen machen einen guten Eindruck. Luxemburg hat dieses aufwendige Bewässerungssystem finanziert. Jeder Flecken, auf dem Ackerbau möglich ist, wird ausgenutzt. Auffallend sind Wasserstellen, an denen hohes Schilf wächst, das wie dünner Bambus aussieht. Es wird Camiço genannt, und die Einheimischen benutzen es, um Körbe daraus zu flechten.

Wir gelangen zu dem Ort Passagem. Bis zu diesem Punkt können Autos in das Tal hineinfahren. Die Straße hat jetzt nur noch leichtes Gefälle, und das Tal weitet sich. Die Hänge sind fast ausschließlich mit Zuckerrohr bebaut, das weiße Blüten trägt. Bananenplantagen sind ebenfalls häufig. Es ist Dezember, es hat gut geregnet im Herbst, und das sieht man: Im Talgrund rauscht ein Gebirgsbach Richtung Meer. Die Hänge sind grün wie in Europa, und das Zuckerrohr steht kräftig und hoch. Überhaupt ist Santo Antão im Verhältnis zu anderen Inseln Kap Verdes begünstigt: Die Niederschläge sind, mit Ausnahme des trockenen Südteils der Insel, die höchsten des Archipels. Sie werden nur von Nova Sintra auf Brava übertroffen. Zuckerrohr und Bananen benötigen vergleichsweise viel Wasser, um gedeihen zu können. Auf Santo Antão reicht das verfügbare Wasser, unterstützt durch ein ausgeklügeltes und gepflegtes Bewässerungssystem, für diesen intensiven Anbau.

Das Zuckerrohr ist die Grundlage einer ausgedehnten Produktion von Grogue. Santo Antão ist fast ein Synonym für Zuckerrohrschnaps. Große Fabriken fehlen. Man destilliert das hochprozentige Getränk in vielen kleinen Betrieben, die technisch primitiv und rückständig sind.

Wie mir Aires erzählt, ist der Rum eine Geißel der Insel. Viele Männer sind dem Genuß des Grogue verfallen. Sie trinken ihn zu jeder Tageszeit, und angeblich nehmen viele den Rum anstelle einer Mahlzeit zu sich. In der Tat ist auffällig, wie vielen Betrunkenen man im Laufe eines Tages begegnet. Der Rum ist wohlfeil. Er wird in den Geschäften aus großen Plastikbehältern verkauft, die man direkt beim Erzeuger füllt. Diese Schankstellen sind ein Magnet für alle Trinker. Wer sich diesen Plätzen nähert, den empfängt ein kräftiger Alkoholdunst.

Angelika und mir tun mittlerweile die Füße weh. Die Straße ist mit groben Basaltsteinen gepflastert, die keinen besonders bequemen Untergrund abgeben. Wir beschließen, die restlichen Kilometer bis Paúl mit einem Aluguer zurückzulegen.

Das Tal weitet sich nochmals. Die Straße führt als Piste durch die mit Kieselsteinen angefüllte Ribeira. Wir fahren weiter durch Zuckerrohrfelder und Bananenplantagen. Dann taucht das Meer auf. Die Wellen brechen sich donnernd und mit viel Gischt an dem steinigen Ufer.

Die Siedlung, in der wir angekommen sind, heißt Paúl Baixo und gehört zur Stadt Paúl. Hier gibt es kein Restaurant. Aires hat in einer kleinen Bar, die Tia Melo heißt, ein Mittagessen vorbereiten lassen. Es gibt drei Sorten Fisch, der mit Kartoffeln, Maniok und Gemüse im Ofen gebacken wurde, dazu Reis und Bohnen. Ein typisches Familienessen, einfach, aber schmackhaft. Der Besitzer der Bar ist Baptista Rodriguez. Er hat 26 Jahre als Seemann auf deutschen Schiffen gearbeitet und ist vor kurzem in Rente gegangen. Rodriguez spricht ganz gut deutsch. Wenn die Unterhaltung schwieriger wird, weichen wir auf Portugiesisch aus, wobei wir feststellen, daß sein Portugiesisch mit spanischen Ausdrücken vermischt ist. Er zeigt uns seine Seefahrtsbücher, und wir geben ihm ein paar Tips, was er an Formalitäten beachten muß, da er bei der Seekasse in Deutschland einen Rentenantrag stellen will.

Gegenüber der Bar erstreckt sich, hinter einer übermannshohen Mauer versteckt, eine Zuckerrohrpflanzung, in der auch Kokospalmen wachsen. Das alte Herrenhaus, das die Mauer überragt, leuchtet in der Nachmittagssonne in verblichenen Pastellfarben. In der milden Nachmittagssonne erinnert die Szene an eine alte kolorierte Fotografie.

Nun taucht Zeka auf, um uns nach Ribeira Grande zu bringen, wo wir übernachten. Er reicht uns ein paar Bananen, klein und von hervorragendem Geschmack. Sie heißen Silberbananen (bananas pratas). Wer auf Santo Antão ist, sollte sie unbedingt probieren.

Ribeira Grande ist ein verschlafenes Städtchen, das aus einer breiten Hauptstraße mit ein paar Nebenstraßen besteht. Die Kirche, die Post, eine Bäckerei und einige Bars sind die Orientierungspunkte. Auf der Hauptstraße steht eine geschlossene Reihe alter Häuser in verblichenem Grün, Blau und Ocker.

Die Dämmerung beginnt hier früher als auf den anderen Inseln. Die Berge, die sich bis dicht an das Meer heranschieben und der Stadt nur einen schmalen Streifen ebenen Geländes lassen, sind so hoch, daß die Sonne schon gegen 16.00 Uhr hinter den Felsen verschwindet. Ihre Strahlen brechen effektvoll durch die Zacken des Gebirges. Mit Einbruch der Dunkelheit kehrt Ruhe in die Stadt ein. Nur der Generator, der die Stadt mit Strom versorgt, brummt vom Stadtrand herüber.

Am nächsten Morgen wandern wir in das Tal von Pombas. Es ist unbewohnt, wird aber bebaut mit Zuckerrohr und Bananen. Die Pflanzen wachsen auf der dicken fruchtbaren Erdschicht, die sich im unteren Teil der Ribeira abgelagert hat, oder auf Terrassen. Dieses Tal ist besonders grün. Die Hänge sind dicht bedeckt mit kleinen Akazien, die an europäischen Farn erinnern. Am Ende des Tales überrascht ein Wasserfall, eine Seltenheit in Kap Verde. Im Herbst hat es auf Santo Antão heftig geregnet, so daß es im Dezember noch fließendes Wasser gibt.

Die Ribeira da Torre, an deren Ausgang Ribeira Grande liegt, ist unser nächstes Ziel. Dieses Tal ist im Gegensatz zur Ribeira das Pombas besiedelt. Hier herrscht eine tropische Fülle. Wasser und Sonne, kombiniert mit menschlicher Arbeit, haben ein kleines Paradies geschaffen. Jede Möglichkeit, im Talgrund oder an den Hängen Zuckerrohr oder Bananen anzubauen, wird genutzt. Die Bauernhäuser kleben wie Schwalbennester an den Felsen und erwecken den Eindruck kleiner Festungen, die das fruchtbare Tal schützen. Die Sicht auf die Bergkulisse, die uns bei unserer Wanderung durch das Tal begleitet, ist beeindruckend.

Der folgende Tag zeigt ein anderes Gesicht der Insel, nämlich eine felsige, zerklüftete und abweisende Küste. Die Fahrt geht zum Städtchen Ponta do Sol. Es liegt auf einem Plateau, das sich in das Meer hinausschiebt. Der Name ist gut gewählt. Auf dieser kleinen Halbinsel scheint den ganzen Tag die Sonne, weil die Schatten der Berge, die südlich liegen, nicht bis in die Siedlung reichen.

Ponta do Sol hat einen alten Hafen. Er liegt an einer kleinen Bucht. Ein paar Klippen legen sich den heranrollenden Wellen in den Weg. Die natürlichen Hindernisse sind verstärkt durch eine bejahrte Mauer. Die Hafeneinfahrt liegt zwischen zwei Felsen. Sie stehen eng beieinander und sind von Gischt überspült. Ich frage mich, wie die Boote überhaupt unbeschädigt hindurchfahren können. Der Hafen hat keine Bedeutung mehr. Nur einige Fischer nutzen ihn noch.

Einen genauso abenteuerlichen Eindruck vermittelt der Flughafen. Er liegt in Ost-West-Richtung auf einer flachen Basaltplatte, die als Halbinsel ins Meer ragt. Beide Enden der Rollbahn reichen bis unmittelbar an das Wasser. Wir schauen kurz bei Senhor Aldevino vorbei, der in der Hauptstadt eine kleine Pension betreibt. Auch er hat sein halbes Leben als Seemann auf deutschen Schiffen gearbeitet.

Wir wandern entlang der Küste bis nach Châ da Igreja. Per Luftlinie sind dies nur etwa 15 Kilometer, aber der Weg folgt jedem Felsvorsprung und jeder Ribeira, so daß sich gut die doppelte Strecke ergibt. Bis zu dem Dorf Fontainhas, unserem ersten

Ziel, ist der Weg noch mit Autos befahrbar. Dann aber ist er ein Saumtierpfad, der mühsam in den Fels geschlagen wurde.

Fontainhas besteht aus einem Dutzend Häuser und liegt auf einer steilen Felsenklippe, die in eine Ribeira hineinragt. Im Hintergrund türmen sich gewaltige Felswände. Nach Fontainhas führt der Weg direkt ans Meer. Über viele Kilometer erleben wir eine Fülle grandioser Ausblicke. Der Pfad windet sich Hunderte von Metern über dem Wasser. Die Brandung ist stark. Entlang der Küste zieht sich ein Plateau abgeschliffener Felsen, das knapp unter der Wasseroberfläche liegt. Diese Barriere bremst die heranrollenden Brecher, die sich schäumend überschlagen und eine mehrere hundert Meter breite rauschende Gischtzone bilden.

Dann wieder führt der Pfad bis tief hinunter an das Wasser. Hier ist der Weg glitschig. Uns empfängt ein feiner salziger Sprühregen. An einigen Stellen, wo die Sonne kaum hintrifft, rieselt Wasser aus dem Fels. Während der Regenzeit sind an vielen Stellen Erdrutsche und Steinschläge abgegangen und haben Teile des Weges und der Begrenzungsmauern zerstört. Der Weg führt steil in Ribeiras und genauso steil wieder heraus. An jeder Biegung eröffnen sich neue Panoramen.

Die Berge reichen bis an das Meer und bilden unüberwindliche Hindernisse. Die Ribeiras sind tief eingeschnitten. Nur an wenigen Stellen ist auf diesem Küstenabschnitt Raum für Akkerbau und Siedlungen. Auf einer Strecke von zehn Kilometern finden sich nur zwei kleine Ortschaften. Wir kommen auch an einer verlassenen Siedlung vorbei, die aus einer Handvoll Häuser besteht. Die aus Bruchstein gemauerten Behausungen sind verfallen. Aber es gibt Maisfelder, die sich in die Ribeira hineinziehen. Sie werden von einem einsamen Bauern bestellt, dessen Hütte am Talabhang zu sehen ist.

Während der langen Wanderung haben wir viel Zeit, um uns mit Aires zu unterhalten. Wir sprechen z.B. über unsere Erlebnisse in Mindelo, wo uns die Kindergruppen auffielen, die durch die Straßen der Stadt streifen. Es ist bekannt, daß diese Gruppen sich auf die Beraubung der Touristen spezialisiert haben: Eine Gruppe von fünf oder sechs Jungen umringt die Touristen. Zwei der Halbwüchsigen verwickeln die Ausländer in ein Gespräch oder betteln. Die Opfer sind abgelenkt. Jetzt greifen sich die anderen Kinder Geld, Fotoapparate oder Rucksäcke. Aires empört sich, für ihn ist dies ein schlechtes Zeichen. Auf Santo Antão, so schwört er, gibt es so etwas nicht. So schließt er nie die Haustür ab, weil es einfach undenkbar ist, daß jemand eindringt. Aires ist sich sicher, daß sich niemand an seinem Rucksack vergreifen würde, wenn er ihn hier auf dem Weg stehen ließe. Selbst nach einer Woche wäre nichts passiert.

Unser nächstes Etappenziel ist Cruzinha da Garça, ein kleines verlassenes Fischerdorf. Bevor wir die Siedlung erreichen, passieren wir eine helle Kalksteinschicht, aus der versteinerte Äste ragen. Cruzinha ist ein unscheinbares Dorf wie viele in Kap Verde. Es liegt auf einer hohen Klippe. Direkt unter uns schäumt das Meer an die schwarzen Felsen, zwischen denen sich die Anlegestelle für die hölzernen Fischerboote befindet. Ziegen, Schweine, Hunde und Katzen bevölkern zusammen mit Kindern jeden Alters die Dorfstraßen.

Mittelpunkt des Lebens ist ein kleiner Laden, auf dessen Terrasse sich eine Gruppe Fischer und Kinder ausruht. Wir sind für Kinder und Erwachsene die Attraktion dieses Tages. Aires bestätigt, daß wir von Ponta do Sol nach Châ da Igreja wandern. Hier kommen zwar öfters Wanderer durch, aber die Gesichter der Einheimischen zeigen mir, daß es den Dorfbewohnern nicht unbedingt einleuchtet, warum stundenlanges Gehen Spaß machen sollte.

Châ da Igreja liegt etwa einen Kilometer landeinwärts in der breiten Ribeira da Garça. Der Ort ist ausgesprochen sauber. Die Gärten sind üppig und bestanden mit Palmen und Bougainvillea. Wir übernachten bei Herrn Rodrigo. Er ist sechsundzwanzig Jahre bei der holländischen Reederei Nedlloyd zur See gefahren, zunächst als Koch und Küchenchef und später, nachdem er sich weitergebildet hatte, als Inspekteur. Mit dem verdienten Geld hat er sich ein komfortables Haus gebaut, das in der Ausstattung und der Qualität der Arbeit völlig europäischen Maßstäben entspricht. Rodrigo vermietet regelmäßig einige Zimmer an Touristen. Er mache es nicht, so erklärt Rodrigo, um Geld zu verdienen, sondern weil er sich nach seiner Pensionierung nicht völlig zurückziehen wollte und weiterhin Kontakt und Anregung möchte.

Wir glauben ihm aufs Wort, denn in seiner freundlichen, offenen und aufmerksamen Art ist er nicht nur ein Profi, der sein Geschäft versteht, sondern auch ein Gastgeber, dem die Arbeit Freude macht. Eine Kombination, die man im kapverdischen Tourismussektor leider nicht zu häufig findet. Unterstützt wird Rodrigo von seiner genauso freundlichen Frau. Sie verschwindet nach der Begrüßung in der Küche, um das Abendessen vorzubereiten.

Das Abendessen fällt aus dem Rahmen. Die Zutaten sind zwar die üblichen wie in Kap Verde, nämlich Fisch, Maniok und Möhren, aber Rodrigo serviert sie gekonnt nach europäischer Art, einschließlich des Broccoli, den wir bislang noch nie auf Kap Verde gesehen haben. Rodrigo zieht dieses Gemüse in seinem eigenen Garten. Er wollte den Anbau, wie er uns erklärt, auch den Bauern in der Umgebung schmackhaft machen. Aber die kapverdischen

Bauern sind wie alle anderen in der Welt konservativ: Neuerungen nehmen sie so ohne weiteres nicht an. Bislang ist Rodrigo der einzige im Ort, der Broccoli züchtet. Anschließend gratulieren wir unserem Wirt zu seinem Rindersteak, denn es ist zart und saftig und damit von einer Qualität, die untypisch ist für Kap Verde. Den Abschluß des Essens bildet ein kräftiger Schluck Grogue, der aus eigenem Zuckerrohr destilliert wurde. Rodrigo läßt im Jahr etwa 1.000 Liter Schnaps in einer nahegelegenen Destillerie brennen und bezahlt diese Arbeit mit Grogue, indem er pro fünf Liter gebrannten Schnaps einen Liter an die Destillerie abgibt.

Santo Antão bietet eine Fülle unterschiedlicher Landschaften und Eindrücke. Ich empfehle eine Rundfahrt mit dem Auto über die Insel, um ihre Vielgestaltigkeit in komprimierter Form zu erleben. Unbedingt sollte man die Strecke von Ribeira Grande zum Cova-Krater nehmen, die dem Höhenzug folgt, der sich zwischen der Ribeira Grande und der Ribeira da Torre in Nord-Süd-Richtung erstreckt. Über die Ortschaft Corda führt diese Verbindung nach Porto Novo. In den hohen Lagen fährt man durch ausgedehnte Nadelwälder und fühlt sich in die Rocky Mountains versetzt. Hier wachsen auch Lebensbäume und Zypressen, die der Landschaft streckenweise ein mittelmeerisches Flair geben.

Zwischen dem Cova Krater und dem Pico da Cruz läuft die Straße auf einem über 1.000 Meter hohen Kamm. Bei klarem Wetter reicht der Blick von dieser Höhenstraße über São Vicente und die unbewohnte Insel Santa Luzia fast 100 Kilometer bis nach São Nicolau, dessen höchster Berg Monto Gordo spitz in den Horizont ragt. In der Umgebung des Pico da Cruz, der fast 1.600 Meter hoch ist, fühlt man sich in die Alpen versetzt: Es gibt Tannen- und Kiefernwälder, und die Felsen sind moosbewachsen.

Ganz anders dagegen zeigt sich die Südküste der Insel, die kaum Niederschläge bekommt. Die Gebirge im Inneren der Insel fangen die Wolken ab, und der trockene Nordostwind, der die Hitze der Sahara heranträgt, trifft ohne Hindernis auf dieses Gebiet. Von Porto Novo aus geht es durch knochentrockene Landschaft nach Westen. Hier erstrecken sich Lavafelder, die mit grauem Sand überweht sind, der auch Dünen bildet. Weiter nach Norden in Richtung Caldeira das Patas durchquert man meterdicke gelb-weiße Kalksedimente. Man fährt bergan in eine grandiose Kulisse von fast 2.000 Meter hohen Bergen. Sie türmen sich in einem Halbkreis und fallen über 800 Meter in die Caldeira das Patas, eine Ebene von gut fünf Kilometern Durchmesser, die sich nach Südosten öffnet. Von Châ de Morte hat man einen umwerfenden Blick auf diese Fläche, die von einem markanten Canyon in Zick-Zack-Linie durchzogen wird. Santo Antão ist wirklich eine bemerkenswerte Insel, die nach meiner Auffassung zum Pflichtprogramm eines Besuches auf Kap Verde gehört.

São Vicente mit Mindelo – die Diva

Leão Lopes treffe ich bei einem Abendessen in Mindelo. Er dürfte an die 50 Jahre alt sein, hat volles gelocktes Haar und trägt eine Brille. Sein Gesicht zeigt kaum afrikanischen Einfluß. Er fällt mir sofort auf mit seiner ruhigen und zurückhaltenden Art, mit dem prüfenden Blick und seinen abwägenden und präzisen Kommentaren. Nichts gegen Funktionäre und Stadtverordnete, aber ich merke gleich, daß dieser Mann nicht zu den glatten und geübten Wortdrechslern gehört, denen ich auch auf Kap Verde schon so häufig begegnet bin.

Lopes erzählt mir von seinem Ausbildungszentrum, das er seit fast 20 Jahren in Mindelo betreibt. Er bildet Jugendliche in der Steinbearbeitung und der Herstellung von Keramikarbeiten aus, ebenso in der Landwirtschaft, und er vermittelt Kenntnisse in der gewerblichen Nutzung des lokalen Steinmaterials.

Am nächsten Morgen besuche ich Lopes in seiner geräumigen alten Villa, die oberhalb des Hafens liegt. Das Haus ist in Gelb und Ocker gestrichen. Man sieht der Villa das Alter an. Der leicht vernachlässigte Zustand verleiht dem Gebäude einen morbiden Charme. Ich gerate in eine Mischung von Atelier und Trainingsstätte. Lopes entpuppt sich als Allround-Talent: Er arbeitet in Stein und Keramik, Figuren und Plastiken jeder Art schmücken die Räume. Er entwirft Briefmarken, Bilderrahmen und ist in der Architekturzeichnung bewandert. An den Wänden hängen seine Collagen. Lopes hat einen Lehrauftrag an der Universität Rennes in Frankreich, und zu allem Überfluß spielt er auch noch Violoncello. Damit nicht genug, denn er betreibt eine lokale Radiostation, die derzeit zwar noch kein volles Programm bietet, aber schrittweise ausgebaut werden soll. Im Erdgeschoß steht ein großer metallener Brennofen für Keramikarbeiten, davor liegt eine Masse von Rohlingen. Im Garten der Villa experimentiert Lopes mit der Herstellung von Baumaterialien. Die Vielfalt der Aktivitäten ist verblüffend. Leider findet an diesem Tag kein Unterricht statt, so daß ich mich nicht mit den Auszubildenden unterhalten kann.

Lopes leistet eine sehr verdienstvolle Arbeit. Wie er berichtet, machen sich die meisten seiner Schüler nach dem Ende der Ausbildung selbständig. Die Masse der Kunsthandwerker in Kap Verde ist durch sein Atelier gegangen. Auch auf Fogo bildet er Leute aus. Auf diese Weise schafft Lopes Existenzgrundlagen und trägt seinen Teil bei zur Verringerung der chronischen Arbeitslosigkeit im Lande. Allerdings hat er viel zu kritisieren. Er vermißt vor allem eine konsequente Unterstützung und Förderung seiner Arbeit durch die Regierung. Das stimmt mit meinen eigenen Beobachtungen überein. In der kapverdischen Gesellschaft, sei es Regierung, die normale Bevölkerung oder die Unternehmerschaft, ist die Überzeugung noch nicht Allgemeingut, daß eine institutionalisierte Berufsausbildung, gerade auch im Handwerk, eine der wesentlichen Grundlagen der Entwicklung ist. Um so mehr ist diese Initiative zu würdigen.

Lopes fällt in seiner ganzen Art aus dem Rahmen des Üblichen in Kap Verde. Ich kann mir ihn und seine Arbeit schlecht in Praia vorstellen. Mindelo ist wahrscheinlich der einzige Ort auf den Inseln, der den richtigen Nährboden für seine künstlerischen Aktivitäten bietet. Als Bonn noch die Hauptstadt der Bundesrepublik war, galt das Wort von München als der „heimlichen Hauptstadt" der Republik. Zwischen Mindelo und Praia ist das Verhältnis ähnlich. Praia ist Hauptstadt und Regierungssitz und damit das Machtzentrum des Landes. Mit etwa 60.000 Einwohnern ist Mindelo zwar die zweitgrößte Stadt des Landes, aber dennoch wesentlich kleiner als Praia mit etwas über einhunderttausend. Die Bevölkerung von Mindelo ficht das nicht an. Hier fühlt man sich Praia ebenbürtig, wenn nicht sogar überlegen. Regierungssitz ist die eine Seite, aber was kann Praia schon darüber hinaus bieten? Mindelo hat den schöneren und besser ausgestatteten Hafen, die Stadt hat fast europäisches Flair, prachtvolle Bauten und ein geschlossenes historisches Zentrum. Mindelo ist die einzige Stadt, die so etwas wie eine kulturelle Szene bieten kann. Das fehlt Praia fast völlig. Die Bevölkerung hat mehr europäisches Blut in den Adern als die auf den meisten anderen Inseln. Über 100 Jahre lang war die Stadt ein Knotenpunkt des transatlantischen Verkehrs. Man hat eine Tradition der Weltoffenheit, der Kultur und der Einflüsse aus aller Herren Länder. Hier fühlt man sich der europäischen und speziell angelsächsischen Welt näher als Afrika.

Gehen Sie nur einmal die Uferpromenade entlang, die Avenida Amílcar Cabral! Am besten am späten Nachmittag, wenn die Sonne bereits sinkt und die Stadt in goldgelbes Licht taucht. Die alten Kolonialhäuser entlang dieser palmenbestandenen Promenade zwischen dem Fischmarkt und dem alten Kohlebunker wirken dann wie eine Theaterkulisse, über die sich die bizarren Schatten der Palmwedel legen. Der sanfte Schwung der Küstenlinie ist einfach perfekt in seiner Gleichmäßigkeit. Das Hafenbecken reflektiert die Sonnenstrahlen. Ein verrostetes Schiffswrack, auf dem noch die Aufschrift des Heimathafens Panama zu erkennen ist, ragt aus dem Wasser. Buntgestrichene Fischerboote liegen auf gelbem Sand. Segelyachten aus Europa dümpeln auf der glänzenden Wasserfläche und geben dem Bild etwas Mondänes.

Auf der anderen Seite des Hafens ragt der Monte Cara empor. Wer genau hinsieht erkennt, daß die Felsen wie ein überdimensionierter Kopf geformt sind, der nach hinten geneigt ist. Der Kopf gleicht dem des ersten amerikanischen Präsidenten Washington und wird deshalb auch „Washingtons Gesicht" genannt. Weiter rechts ragt die Vogelinsel wie eine Pyramide aus dem Wasser und markiert die Hafeneinfahrt. Am östlichen Rand des Hafenbeckens liegen die Kais. Die Insel Santo Antão erstreckt sich als massiver langgezogener Felsblock wie eine gezackte Festung am Horizont. Gewiß, man könnte den Hafen besser sauberhalten. Es liegt allerlei Unrat am Strand herum. Praktisch alles, was sich im Laufe der Zeit in einer Stadt so ansammelt. Der Schmutz stört das Bild. Die Innenstadt aber ist erstaunlich sauber. Mindelo kann durchaus beanspruchen, die sauberste Stadt in Kap Verde zu sein.

Der Hafen ist das Herzstück Mindelos, besser, von ganz São Vicente. Die Bucht ist vollendet geformt. Sie ist der Rest eines Kraters, der nach Westen abgebrochen ist. Es hat den Anschein, als sei Sinn und Zweck dieser kleinen Insel von knapp 230 Quadratkilometern, den Hafen zu beherbergen. Das Leben ist auf den Hafen zugeschnitten. Alle Straßen führen nach Mindelo. Die ganze Insel ist auf den Hafen hin geordnet. Sehr deutlich sieht man diese Ausrichtung von dem höchsten Berg der Insel, dem Monte Verde. Er heißt „grüner Berg", weil er so hoch ist, daß die Wolken dort ihre Feuchtigkeit hinterlassen und eine ganzjährige Vegetation erlauben. São Vicente, das wird spätestens hier oben klar, ist Mindelo. Die Insel hat nur wenige kleine Dörfer. Der Anteil der städtischen Bevölkerung beträgt knapp 93 Prozent, für ganz Kap Verde beträgt der Wert knapp 54 Prozent.

Viel mehr als Mindelo hat die Insel nicht zu bieten. Berühmt ist die Baia das Gatas, wo jährlich im Sommer ein großes Mu-

sikfestival stattfindet. Diese Bucht ist beliebt bei der Bevölkerung als Ausflugs- und Badeort, da sie flach und geschützt ist.
Sie ist aber leider sehr steinig. Für mich ist das Interessanteste an
der Bucht nicht der Strand, sondern der Blick über eine Masse
von dunkelglänzenden Kieselsteinen auf die unbewohnte Insel
Santa Luzia und auf São Nicolau im Südosten sowie den Monte
Verde im Westen. Bei Sonnenuntergang erhebt sich der Berg mit
scharfen Konturen als schwarze Masse und wirkt fast bedrohlich.

Leider hat der „Große Hafen", wie er genannt wird, seine
Glanzzeit hinter sich. Zwar wurden die Kaianlagen ausgebaut,
aber den Anschluß an die neue Zeit hat der Hafen nicht geschafft.
Er zehrt von seiner Geschichte, wie die ganze Stadt, die schon
bessere Tage erlebt hat.

Die Spuren dieser Blütezeit Mindelos sieht man allenthalben.
Den Torre von Belém etwa, der an der Uferstraße direkt am Was-
ser steht, und 1937 entstand. Er ist grob, der Stein hat nicht die
Helle des Originals, und ihm fehlt jede Eleganz. Er hat das Pro-
blem eines jeden Plagiats: Es reicht nicht an das Original heran.
Aber der Turm verdeutlicht einen Anspruch, der Mindelo in die
Nähe der Metropole Lissabon rückte. Sehenswert ist auch der in
Rosa und Weiß gehaltene ehemalige Gouverneurspalast, der zur
Zeit nicht genutzt wird. Ganz in seiner Nähe liegt die große Markthalle, um die Jahrhundertwende im Jugendstil erbaut. Sie ist ein
Unikat in Kap Verde und wird heute noch genutzt. An die Zeit
der Dampfschiffe erinnert der Kohlebunker an der Ufer-
promenade, der 1860 fertiggestellt wurde. Es ist ein massives
und solides Gebäude, das auf einem Fundament aus großen
Sandsteinquadern ruht. Der Bunker wird heute als Kulturzentrum
genutzt.

Mindelo hat fast mittelmeerisches Flair. Es gibt viele kleine Plätze mit Grünanlagen, die Gassen direkt am Hafen erinnern an italienische oder spanische Städte, und auf der Rua de Lisboa trinkt man in kleinen Cafés, die mit ihrem angestaubten Ambiente die Fünfziger Jahre wachrufen, seinen Espresso.

Gesellschaftliches Zentrum ist der Hauptplatz, die Praça Amílcar Cabral. Bei Nacht ist dieser Platz mit seinen alten Bäumen und gepflegten Blumenbeeten voller Leben, ein Ort des Sehens und Gesehenwerdens. Es ist ein ständiges Kommen und Gehen. Man flaniert, trinkt einen Schluck an der Bar, die in dem rot-weißen Pavillon aus der Kolonialzeit untergebracht ist, und unterhält sich lautstark. Mehr oder weniger teure Autos umkreisen im Schrittempo den Platz. Oft sind die Fahrer Emigranten, die zeigen wollen, daß sie im Ausland Erfolg hatten, oder jüngere Burschen, die vor den Mädchen angeben. Im Sommer kehrt erst um fünf Uhr morgens Ruhe ein. Auf diesem Platz wird eines der Probleme Mindelos deutlich, nämlich eine ausgeprägte Prostitution. Nach allem, was man hört, soll der Platz auch einer der Umschlagplätze für Drogen jeder Art sein. Den besten Blick auf den Platz hat man aus dem „Porto Grande". Die geräumige, erhöht liegende Terrasse dieses Hotels gleicht mit ihrem üppigen Grün einem botanischen Garten. Sie ist für einen Drink zu empfehlen.

Die Innenstadt mit ihren Zeugnissen einer bürgerlichen Vergangenheit ist die eine Seite. Es gibt aber auch, wie in allen Städten dieser Welt, die weniger glanzvolle. Die Stadtverwaltung kämpft mit einem Bündel drängender Probleme. Die Müllentsorgung ist längst nicht zufriedenstellend, auch wenn dieses Problem in der Innenstadt nicht so auffällt. Die Arbeitslosigkeit ist hoch. Es gibt eine starke Zuwanderung von den beiden Nachbarinseln S.Antão und S. Nicolau. Die Zuwanderer lassen sich illegal am Stadtrand nieder, so daß die Stadt unkontrolliert „ausfranst". Die Menschen suchen Arbeit, die ihnen die Heimatinsel nicht bieten kann. Aber auch auf S. Vicente gibt es nicht genügend Arbeitsplätze, und die Arbeitslosigkeit schafft unvermeidlich soziale Probleme.

Der Bürgermeister führt mich in einen der Außenbezirke zu einer Wohnanlage für sozial benachteiligte Familien. Die Wohnungen sind mit ausländischer Entwicklungshilfe finanziert. Die Stadtverwaltung hat das Grundstück und die Bauarbeiter zur Verfügung gestellt. Konkret handelt es sich um Familien, in denen Frauen der Familienvorstand sind. Die Väter sind entweder nicht bekannt oder verschwunden. Die Frauen haben entweder keine Arbeit oder nur schlecht bezahlte Jobs. Wir besuchen eine ältere Frau mit drei Töchtern, die selbst schon Kinder haben. Vier erwachsene Frauen leben mit elf Kindern in drei Räumen plus Küche und Bad. Die Monatsmiete beträgt umgerechnet etwa achtzehn Mark.

Wir stoßen hier auf ein soziales Phänomen, das typisch ist für Kap Verde. In den meisten Haushalten, speziell in den armen und ärmsten Bevölkerungsschichten, sind Frauen die Haushaltsvorstände. Es ist ihre Aufgabe, die meist vielköpfige Familie mehr schlecht als recht zu versorgen. Die Väter sind abwesend oder haben das Kind nicht anerkannt; sie sind emigriert, auf eine andere Insel gezogen oder verschwunden, ohne sich weiter um den Nachwuchs zu kümmern, den sie mit in die Welt gesetzt haben. Selten stammen mehrere Kinder derselben Frau von einem Vater. Heiraten sind selten. Die Frauen bekommen früh ihre Kinder, oft schon mit sechzehn, siebzehn oder achtzehn Jahren. Noch jüngere Mütter sind keine Seltenheit. Eine Mutter mit zweiundzwanzig Jahren und zwei oder drei Kindern ist fast schon normal.

Für uns sind dies kaum nachvollziehbare Verhältnisse. Sicher handelt es sich um ein komplexes Problem, bei dem auch tiefverwurzelte kulturelle Verhaltensmuster eine Rolle spielen. Die Direktorin des Instituts für Frauenfragen in Praia wies mich aber auf einen Umstand hin: Bei vielen Frauen ist der stärkste Antrieb für ein Kind der Wunsch, den aktuellen Partner an sich zu binden. Wenn dies schief geht, hält das die Frau aber nicht davon ab, es bei dem nächsten Partner wieder zu versuchen. So ergibt sich eine Abfolge vorübergehender Beziehungen, die in einem Kindersegen enden. Die Situation der Frauen wird nur dadurch abgemildert, daß sie auf die eigene Mutter oder die Großmutter zurückgreifen können, die sich um die Kinder kümmern. Klar ist jedoch, daß die vielen Kinder die Frauen empfindlich einschränken, sich durch weitergehenden Schulbesuch oder durch berufliche Ausbildung eine bessere Ausgangsposition für den Arbeitsmarkt zu verschaffen.

Die Emigration verschärft die Lage zu einer Situation, in der Frauen um die Männer stärker „konkurrieren": Auf den meisten Inseln herrscht ein Frauenüberschuß, da die Männer auswandern. Landesweit kommen auf 100 Frauen nur 93,9 Männer. Maio etwa hat einen besonders großen Frauenüberschuß: Auf 100 Frauen kommen nur 87,3 Männer. Ausnahmen sind Sal, Santo Antão und Boavista. Hier ist die Emigration der Frauen stärker, die traditionell als Hauspersonal in Europa arbeiten. Das Verhältnis Männer zu Frauen beträgt auf Sal 113,6 zu 100, auf Boavista 111 zu 100 und auf S. Antão 107,3 zu 100.

Wir fahren weiter in eine staubige Ribeira, die sich durch flache Hügel zieht. Die Ribeira ist öde. Weit und breit gibt es keinen einzigen Baum. Vor uns liegt eine Ansammlung von vielleicht 20 Wellblechhütten. Der Platz ist trostlos. Graffiti an den Wänden der Hütten bringen etwas Farbe, können aber den deprimierenden Eindruck dieser Siedlung nicht kaschieren. Hier leben die Bewohner von illegal errichteten Häusern. Die Stadt benötigte die Grundstücke für Infrastrukturprojekte und verlegte diese Leute hierher. Sie warten nun darauf, daß die Stadtverwaltung ihnen Sozialwohnungen zuweist. Die vormaligen Hütten, in denen die Leute wohnten, waren sicher nicht viel größer als die Wellblechbehausungen, aber wenigstens aus Stein, und man hatte ein richtiges Dach über dem Kopf. Tagsüber muß es unter dem Wellblech ziemlich warm sein.

Vier Männer kommen auf uns zu. Ich frage sie, wie es ihnen an diesem Ort ergeht. Von den vieren haben nur zwei eine Arbeit. Die Männer beklagen sich, daß nicht abzusehen sei, wann sie ihre Wohnungen beziehen können. Es gebe kein Wasser, keinen Strom und keine Toiletten. Sie müßten in die Hügel gehen, um ihre Notdurft zu verrichten. In der Regenzeit fließe das Wasser oft durch die Hütten, wenn die Ribeira sich auffüllt. Ich habe den Eindruck, daß die Leute schon nicht mehr daran glauben, hier jemals wieder herauszukommen. Der Bürgermeister weiß, daß etwas getan werden muß, aber viele Möglichkeiten hat er nicht, denn die Kassen der Stadt sind leer.

São Nicolau – das Dornröschen

Aus der Propellermaschine, die sich der Insel von Sal aus nähert, habe ich einen guten Blick auf unser Ziel. Der östliche Teil der Insel ist langgezogen und erstreckt sich exakt in Ost-West-Richtung. Die braunen Berge sind kahl und trocken. Auf ihrer Nordseite haben sich Wolken aufgestaut, die eine Hälfte der Insel bedecken. In März/April ist es auf den Kap Verden oft besonders stürmisch. Ich erkenne Schaumkronen auf dem dunkelblauen Meer. Das Flugzeug sinkt im Landeanflug und nähert sich schwankend der felsigen Küste. Links erhebt sich ein mächtiger abgerundeter Berg. Er ist von tiefen Erosionsrillen durchzogen und umgeben von gezackten Felsmassiven. Der Monte Gordo ist mit fast 1.400 Metern der höchste Berg der Insel. Die Maschine fliegt in eine breite Senke, links ziehen die Zacken der Lavafelsen vorbei. Sie sind ausgedörrt, abweisend und ohne Bewuchs. Ein paar Akazien tauchen in der Ebene auf. Die Maschine geht schnell tiefer, bewegt sich unruhig nach rechts und links und setzt klappernd und rumpelnd auf dem Rollfeld auf, das eine neue Asphaltierung gebrauchen könnte.

S. Nicolau ist eine der weniger bekannten Inseln des Archipels. Touristen sind selten. Es fehlen landschaftliche und touristische Superlative. Aber die Insel ist bizarr und voller Widersprüche. Schon die Form ist auffällig. Die Inseln Kap Verdes sind allesamt kompakte runde oder längliche Gebilde. S. Nicolau aber sieht so aus, als hätte sich der Schöpfer nicht entschließen können, wie sein Werk endgültig aussehen sollte. Der Westteil erstreckt sich in Nord-Süd-Richtung und ist in seinen äußeren Formen eine Kopie des afrikanischen Kontinents. Der Ostteil der Insel liegt in Ost-West-Richtung und macht den Eindruck, als sei er über das Meer angetrieben und an der anderen Hälfte der Insel angedockt, ungefähr dort, wo Afrika in die arabische Halbinsel übergeht. Jede Hälfte der Insel dominiert ein zerklüftetes Felsmassiv. Der Übergang zwischen beiden Teilen ist flach und schmal. Man könnte fast befürchten, daß S. Nicolau an dieser Stelle auseinander bricht.

Auf der Fahrt nach Tarrafal lernt man bereits einen großen Teil der Insel kennen. Zwischen der Stadt und dem Flughafen liegen die Ausläufer des Monte Gordo, die steil nach Westen abfallen. Die Straße führt zunächst nach Norden an die Küste, um sich dann in einem weiten Bogen Richtung Westen, am Monte Gordo vorbei, an die Südküste vorzuarbeiten. Auf dieser Strecke durchquert man die Inselhauptstadt Ribeira Brava, eine Ansiedlung von etwas mehr als dreitausend Einwohnern. Die Stadt ist malerisch an den Hängen des Tales erbaut. Mit ihren Palmen und den bunten Häusern erinnert sie an nordafrikanische Städte. Die Ribeira ist staubtrocken, wie die gesamte Landschaft. In der Regenzeit rauscht das Wasser mitten durch die Stadt.

Nun beginnt der Anstieg in Richtung Süden. Wir fahren durch eine fruchtbare grüne Hochfläche, die sich von Fajã de Baixo bis Cachaço erstreckt. Hier wachsen Papaya, Zuckerrohr, Bananen, Bohnen und Maniok. Nach der Fahrt durch die trockene Landschaft tut das Grün gut. Aus den Feldern ragen Drachenbäume, das Wahrzeichen der makronesischen Inseln. Auf S. Nicolau sind diese Bäume, die auf den anderen Inseln gar nicht mehr oder nur noch selten vorkommen, recht verbreitet.

Hinter Cachaço überqueren wir den Paß in einer Höhe von annähernd 1.000 Metern und passieren den alten ockerfarbenen Wasserspeicher Agua das Patas aus dem Jahre 1912. Wir halten an einem Mirador, auf dem ein weißes steinernes Kreuz steht.

Hier oben ist es merklich kühler. Der Blick auf das Tal von Ribeira Brava ist atemberaubend. Die Felswände fallen fast senkrecht Hunderte von Metern hinab. Eine schmale Straße schlängelt sich in engen Serpentinen nach unten. Die Wände sind bewachsen mit Agaven und Kräutern. Am Talausgang liegt Ribeira Brava wie eine Siedlung aus Legosteinen. Das Tal geht in die Ebene Chão de Norte über. Das Meer bricht sich an der felsigen Küste in einem breiten Streifen weißer Gischt. Graue Wolken ziehen über diesen flachen Teil der Insel und werfen dramatische Schatten. Weiter im Osten stauen sich die Wolken am Gebirgszug von Jalunga und verdecken die Sicht.

Die Straße führt jetzt stetig bergab. Der südliche Teil der Insel ist viel trockener als der nördliche, denn die Wolken fangen sich am nördlichen Rand des Monte-Gordo-Massivs, das sich quer über den Ostteil der Insel zieht, und verlieren dort ihre Feuchtigkeit. Deshalb ist der Süden eine Wüste, übersät mit Steinen. Hinter Cabeçalinho liegen rechts die Überreste eines verlassenen Dorfes inmitten von Feldern, die sich auf verfallenen Terrassen Richtung Küste ziehen. In früheren Zeiten, als der Regen ausgiebiger fiel, muß dieses Stück Land fruchtbar gewesen sein. Jetzt ist es ausgedörrt und liegt brach, ein stummes Zeugnis einer der vielen Dramen, die Kap Verde heimgesucht haben.

Tarrafal liegt an einer Bucht aus schwarzem Sand. Der Ort ist unspektakulär. Es gibt viele dieser Siedlungen in Kap Verde: ruhig, abgelegen und verschlafen. Das Rauschen des Meeres, der Wind und der Stand der Sonne bestimmen den Rhythmus des Lebens. Niemand beeilt sich. Das Geschäft des Tages erledigt man in Ruhe und ohne Hast. Man bewegt sich gemessenen Schrittes durch die heißen Straßen der Stadt, immer bereit zu einem Schwatz mit Freunden und Nachbarn. Die Frauen tragen Fische zum Verkauf. Die Dorfpolizisten machen ihren Rundgang. Viel Aufregendes werden sie nicht zu erledigen haben. Aus einigen Häusern klingt kapverdische Musik. Mütter schimpfen mit ihren Kindern. Einheimische Fischerboote und einige Segelyachten aus Europa liegen im Hafen.

Die Hafenfront beherrscht ein langgestrecktes gelbgestrichenes Gebäude. Es ist eine Fabrik, in der Thunfisch-Konserven hergestellt werden. Die Fabrik arbeitet zur Zeit nicht, weil nicht genug Fische da sind. An der linken Seite der Fabrik steht ein wunderschönes Wohnhaus im Kolonialstil mit elegantem Aufgang und vielen Holzarbeiten. Alte, mächtig gewachsene Akazien beschatten den Vorgarten. Das Haus wirkt von vorn nicht besonders groß, aber es strahlt viel Charme aus. Es weckt Assoziationen an kühle Abende auf der Terrasse, elegante Empfänge und Zusammenkünfte, durchsichtige weiße Fenstervorhänge, in denen sich der Wind fängt, und Möbel aus dunklem Tropenholz – eine Atmosphäre kultivierten Lebensstils.

Leider ist das Haus schon stark verfallen, dabei wäre es jede Anstrengung wert, erhalten zu werden. Vor der Mauer, die das Grundstück zum Hafen hin abgrenzt, sitzen einige Männer im Schatten. Ich frage sie, wem das Haus gehört, und erfahre, daß der Fabrikeigentümer der Besitzer ist. Hätte ich mir eigentlich auch denken können. Ein solch prachtvolles Haus könnte sich ein Normalverdiener nicht leisten. Wo der Besitzer denn sei, frage ich. Er lebt in Lissabon, so höre ich, und kommt nur hin und wieder vorbei, um nach dem Rechten zu sehen. Kein Einzelfall: Wer es sich leisten kann, der hat ein Standbein in Europa oder lebt hauptsächlich dort. Eine abgelegene Insel wie S. Nicolau bietet wenig an Zerstreuung und Abwechslung und schon gar kein städtisches Leben mit all seinen Attraktionen.

Am nächsten Tag starten wir zur Inselrundfahrt, zunächst in den Nordwesten nach Ribeira da Prata. Die Küstenstraße führt durch ausgedehnte Schotterflächen. Die Küste ist felsig. Nur hin und wieder gibt es kleine Stücke schwarzen Sandstrandes. Hinter dem Leuchtturm von Barril findet sich eine kleine weiße Bucht mit klarem, türkisfarbenem Wasser. Der Kontrast des blendend weißen Sandes zur dunklen Umgebung ist beeindruckend. Leider ist man dabei, den Sand abzubauen, so daß wahrscheinlich nicht mehr viel von dieser Naturschönheit erhalten bleibt. Wie ich dann später erfuhr, hat man mittlerweile den Sand abgetragen, um ihn für den Hausbau zu verwenden, so daß an dieser Stelle nur noch Geröll und Müll liegen.

Praia Branca, der erste Ort, den wir erreichen, liegt landeinwärts am Fuße eines pittoresken Bergzuges. Markantes Gebäude dieses Dorfes ist eine zweischiffige Kirche ohne Turm, die in Weiß und Ocker gestrichen ist. Für diesen Ort scheint mir die Kirche etwas groß geraten. Die Ribeira, die sich hier zum Meer hin öffnet, bildet einen tief eingeschnittenen Canyon.

Am Endpunkt der Straße, die nur noch teilweise gepflastert ist, liegt Ribeira da Prata. Die Küste fällt auf der anderen Seite der Ribeira hoch und steil in die See. Geradeaus geht es nicht mehr weiter. Man muß auf der Straße, die man gekommen ist, zurückkehren. Prata zieht sich hoch in die Ribeira, die mit großer Steigung Richtung Westen läuft. Ein Pfad führt hinauf ins Gebirge. Im Bett der Ribeira liegen große Felsbrocken und Klippen, die im Laufe von Jahrmillionen abgeschliffen wurden. An den Hängen haben die Bewohner Terrassen angelegt. Die Befestigungen der Terrassen sind gut in Stand gehalten. Häuser, Treppen, Zäune und gepflasterte Wege sind gepflegt. Das Dorf macht einen fast wohlhabenden Eindruck.

Der Monte Gordo ist unser nächstes Ziel. Auf einem Weg, der bei Cachaço von der Hauptstraße abbiegt, kommt man nahe an den Gipfel. Ich steuere einen Aluguer, den ich in Tarrafal gemietet habe. Als die Vermieter hörten, daß wir zum Monte Gordo wollen, packten sie vier Zementsäcke auf die Ladefläche des Pickups, um die Bodenhaftung zu verbessern. Ich stelle fest, daß diese Maßnahme keineswegs übertrieben ist, denn der Anstieg ist unglaublich steil. Nur nicht nachlassen mit dem Gasgeben! Hier wieder anzufahren, das wäre schwierig. Während ich Gas gebe, hoffe ich, daß mir kein Gefährt entgegenkommt, denn bei den engen Serpentinen ist die Straße kaum zu überblicken.

Je höher wir kommen, desto grüner wird die Landschaft. Sisal, Eukalyptus, Nadelbäume und bunt blühende Büsche bilden richtige Wälder. Ich parke den Wagen auf einer Lichtung und beginne den Anstieg, während Angelika und Inge auf derselben Höhenlinie wandern. Der Pfad führt durch dichtes Gestrüpp unter Bäumen. Dann verschwindet der Wald. Die Vegetationsdecke zerreißt. Niedrige Büsche mit hartem Holz, vereinzelt stehende Akazien und Sukkulenten bestimmen fortan das Bild bis zum Gipfel. Der Anstieg wird steiler. Jetzt sehe ich auch den Gipfel des Gordo und die ersten Antennen, die dort montiert sind. Der Berg ist aus braunem Gestein, das bröselig verwittert. Der Aufstieg führt im Zick-Zack nach oben und bietet keine Schwierigkeiten.

Auf dem Gipfel angekommen, bietet sich ein prächtiges Bild. Der Monte Gordo ist der dominierende Berg der Insel. Um ihn herum gibt es keine Massive, die an seine Höhe reichen. Dementsprechend gewaltig ist die Fernsicht. Von hier oben habe ich die ganze Insel im Blick. Schräg unter mir ist Tarrafal glasklar zu erkennen. Die Massive rund um die Hochebene von Fajã de Baixo sind mit ihren bizarren Formen eine Märchenlandschaft. Nach

Osten sehe ich annähernd 40 Kilometer bis an die äußerste Spitze der Insel. Dieser Teil, das wird von hier oben deutlich, ist eine Wüste, leer, flach, und vom Wind gepeitscht. Im Westen geht die Sonne unter. Das Meer glänzt wie Silber. Die unbewohnte Insel Razo liegt schwarz in dem leichten Dunst. Leider sind die beiden anderen unbewohnten Inseln und S. Vicente bei diesem Sonnenstand nicht zu erkennen.

Die Vielfalt der Oberflächenformen auf kleinstem Raum ist in Kap Verde immer wieder faszinierend. Die Strecke in den Ostteil der Insel, zu dem Flecken Juncalinho, ist ein Beispiel dafür. Zunächst führt die Straße durch eine Ebene, die sich zum Meer hin abflacht, um sich dann an einer Steilküste entlang zu winden. Die Felsen stehen senkrecht und hoch und erinnern an S. Antão. Der Regen des letzten Herbstes hat beträchtliche Schäden hinterlassen. Die Fahrbahn ist an unzähligen Stellen aufgebrochen. Das Wasser hat die Pflastersteine weggespült und tiefe Rinnen hinterlassen. Geröll und Erde sind niedergegangen und haben weite Strecken überschüttet. Große Felsbrocken liegen auf der Fahrbahn. Wir folgen der tiefen Spurrinne der Autos, die vor uns gefahren sind, und umkurven vorsichtig die Hindernisse. Würde es mehr regnen, die Straße wäre irgendwann unpassierbar. Es ist nichts davon zu sehen, daß auch nur der geringste Handschlag getan wird, um die Straße freizumachen.

Vier gleichmäßig geformte Vulkane, die entlang der Küste aufragen und in einer geraden Linie hintereinander angeordnet sind, kündigen die Ortschaft Juncalinho an. Einer der Krater trägt einen Kranz von gezackten Felsen, die aussehen, als habe ein riesiges Geschoß den Berg von innen aufgebrochen.

Die Attraktion von Juncalinho sind die sogenannten Lagoas, natürliche Schwimmbecken, die das Meer in Millionen von Jahren in der Lavaküste ausgewaschen hat. Sie liegen abseits des Dorfes. Ein junger Fischer, vielleicht 20 Jahre alt, führt uns zu der Stelle. An der kleinen Dorfkirche, die durch ihre bunten Glasfenster auffällt, biegen wir von der staubigen Dorfstraße ab Richtung Meer.

Der Weg ist kaum zu erkennen. Der Aluguer quält sich durch Regenrinnen und über abgeschliffene Felsen. Ich fahre vorsichtig, damit ich nicht aufsetze. Der Fischer erzählt mir stolz, daß er gerade seinen Führerschein macht und schon gut fahren kann. Er ist auch sicher, daß er die Prüfung bestehen wird. Das Problem, so stellt er mit Bedauern fest, ist aber das Auto. Die seien alle viel zu teuer, und er verdiene auch nicht so viel.

Das Meer ist jetzt ganz nah. Ich höre schon das Donnern der Brandung. Wir verlassen das Fahrzeug. Das Gestein ist schwarz wie Kohle. Harte fünfeckige Basaltsäulen bilden den oberen Teil der Küste. Ihr vorgelagert ist eine breite Brandungsschorre.

Das Meer ist an dieser Stelle grünlich. Es ist windig. Eine Welle kommt hoch, schwankend, in langgezogener Formation und mit großer Geschwindigkeit heran und donnert mit Wucht auf die Lavaplatte. Gischt sprüht, ein Teil der Welle schwappt über den Rand auf die Platte und schlägt in ein großes rundes Becken von vielleicht zehn Metern Durchmesser, das sich mit schäumendem Wasser füllt. Das ist die lagoa, die natürliche Badewanne, ausgewaschen durch die Kraft des Wassers. Jetzt ist sie wieder glasklar. Auf dem Boden des fast symmetrischen Beckens liegen große, abgeschliffene Brocken. Das grünliche Wasser wirkt kühl wie ein Gletschersee. Eine neue Welle schwappt heran und schäumt in das Becken.

Das Meer ist an dieser Stelle ungewöhnlich wild, weiß und unruhig, eine schwankende Masse, bedrohlich in seiner ungebändigten Wildheit. Ich gehe nach unten, bis hart an den Rand der Brandung. Hier wird mir erst klar, mit welcher Höhe und Wucht die Wellen anrollen. Der Felsen vibriert unter den Schlägen der Wassermassen. An dieser Stelle kommt niemand lebend an Land.

Hinter Juncalinho in Richtung Osten geht es nicht mehr weiter. Die letzten Regenfälle haben die Straße tief ausgewaschen und so viel Geröll abgelagert, daß selbst ein Geländefahrzeug Schwierigkeiten hätte, hier durchzukommen. Mit dem kleinen Aluguer ist gar nicht daran zu denken. Auch die Straße nach Carriçal, das an der Südostküste liegt, ist verschüttet.

Aber der Weg nach Preguiça ist frei. Die Anfahrt erfolgt entlang des Flughafens über eine ausgedörrte Hochfläche ohne bemerkenswerten Bewuchs. Umso erstaunlicher ist eine uralte riesige Akazie, die von weitem aussieht wie ein kleiner Wald. Erst beim Näherkommen erkenne ich, daß es sich um einen Baum handelt, der wie eine überdimensionale silberne Schlange am Boden entlang wächst und seine Äste senkrecht in den Himmel reckt. Kaum zu glauben, daß der Baum in dieser lebensfeindlichen Umgebung dieses Alter und die imposante Größe erreichen konnte.

Preguiça ist eingeklemmt zwischen der Steilküste und dem Meer. Eine schmale, mit grobem Stein gepflasterte Straße führt steil hinunter. Die Lage ist malerisch. Schade nur, daß der Ort verfällt. Viele der Häuser sind verlassen. Es sind massive und solide Gebäude, erbaut in dem sicheren Stilempfinden alter Zeiten. Diese Ruinen sind so fest, daß sie wohl noch Jahrzehnte überdauern. Es tut weh, die leeren Fenster zu sehen, die zerbrochenen Dächer, die zerfetzten Zwischendecken und den Müll und Schutt, der sich im Inneren angesammelt hat. Was könnte man aus diesem Ort machen! Wahrscheinlich kann hier nur noch der Tourismus helfen. Es könnte ein wunderschöner Platz sein, wenn man die alte Bausubstanz retten und den Ort, der vor sich hindämmert, wieder beleben würde.

Im Moment ist allerdings einiges los. Schon oben, wir sehen gerade die ersten schiefen Dächer unter uns auftauchen, schallt uns Musik mit dem in Kap Verde üblichen Pegel, nämlich volle Lautstärke, entgegen. Auf einem kleinen rechteckigen Platz zwischen Häuserruinen hat ein unsensibler Architekt einen runden Pavillion mit Kegeldach hingestellt, der wohl als ein afrikanisches Element gedacht ist.

Hier ist das halbe Dorf versammelt und feiert. Aus dem Pavillon wird dauernd Bier nach draußen gereicht, das auch schon Wirkung zeigt. Ein besonders eifriger Trinker tanzt solo und schüttet ein Bier nach dem anderen in sich hinein. Einige Paare tanzen, Kinder laufen zwischen den Erwachsenen herum, Halbwüchsige unterhalten sich lautstark und flirten mit den Mädchen. Ein alter Mann sitzt abseits, umgeben von seinen Enkelkindern, und schaut gedankenverloren auf das Meer.

Die Straße endet an dem winzigen gemauerten Kai, der vielleicht 20 Meter ins Meer reicht. Ein kleiner Kran, der vom Rost zusammengehalten wird, ragt in der Mitte des Kais in die Höhe. Der Antriebsmotor steht als Schrotthaufen daneben. Hier bewegt sich garantiert nichts mehr. Doch, etwas bewegt sich, langsam und in Ruhe: Ein Fischer hockt auf dem Kai, zwischen seinen Netzen, und flickt Löcher. Der Trubel im Ort läßt ihn kalt. Er ist konzentriert auf seine Arbeit und zieht wie in Zeitlupe seine Fäden durch das Gewirr, das sich vor seinen Füßen ausbreitet. Die Szene versetzt mich in eine andere Zeit. Der uralte Beruf des Fischers, das Fischen mit der Hand wie vor 1.000 Jahren, das gehört hier noch zum Alltag.

Ich hatte den Bürgermeister von S. Nicolau auf dem Flug von

Sal nach Ribeira Brava getroffen, und er hatte mich eingeladen, um mir die Hauptstadt zu zeigen. Herr Oliveira ist stolz darauf, daß er der einzige parteilose Bürgermeister von Kap Verde ist.

Der Hauptplatz der Stadt hat koloniales Flair und würde zu einer abgelegenen Ortschaft des Alentejo passen. Die Stadt hat enge Gassen und kleine Plätze, deren Zauber sich bei einem Rundgang erschließt. Der Bürgermeister zeigt mir die Stadtbibliothek, die eine portugiesische Schwestergemeinde finanziert hat. Ihm fällt auf, daß ein hölzerner Fensterladen völlig schief in den Angeln sitzt. Das große Teil droht herunterzufallen, und es sieht wirklich gefährlich aus. Die Angestellten der Bibliothek stört das nicht. Sie zucken nur mit den Schultern, als der Bürgermeister fragt, warum der Schaden noch nicht abgestellt wurde. Oliveira kocht innerlich. Er greift zu seinem Mobiltelefon und weist den zuständigen Stadtverordneten an, sich um die Angelegenheit zu kümmern.

Jetzt merke ich, warum dieser Mann wiedergewählt wurde und vor allem als Parteiloser: Er ist ein Macher, jemand, der sich um seinen Sprengel kümmert. Die beiden anderen Projekte, die ich sehe, unterstreichen meinen Eindruck: Eine neue Markthalle ist fast fertig und wird demnächst eingeweiht. Ein altes Haus, das um die Jahrhundertwende gebaut wurde, wird renoviert und soll als Musikschule dienen. Der Bürgermeister beobachtet kritisch die Arbeit der Maurer. Ihm fällt auf, daß die Außentoilette um einiges tiefer liegt als der Innenhof, auf dem sie steht. Bei Regen wird sie unweigerlich vollaufen. Die Arbeiter behaupten, das würden sie noch regeln. Ich habe nicht den Eindruck, daß Oliveira völlig überzeugt ist, aber was kann man schon gegen Handwerker einwenden? Das ist in Kap Verde genauso wie in Deutschland.

Tourismus – der Weg in die Zukunft?

Für Kap Verde sind die Ausgangsbedingungen, um an der Weltwirtschaft teilzunehmen und gesellschaftlichen Reichtum zu schaffen, nicht besonders vorteilhaft. Es gibt weder nennenswerte Bodenschätze noch eine industrielle Produktion von Belang. Die Exporte sind mager. Die Landwirtschaft deckt nur knapp 15 Prozent des Eigenbedarfs. Die industrielle Fischerei ist wenig ergiebig, da die meisten Inseln keinen Schelf haben. Die handwerkliche Fischerei, die in der Hauptsache von kleinen Holzbooten aus betrieben wird, ist schwierig, von unbedeutendem Umfang und dient nur zur Eigenversorgung. Der Dienstleistungssektor lebt fast ausschließlich von den Emigranten. Die Verwaltung arbeitet schwerfällig und ineffizient. Die Qualität der Schulbildung ist niedrig. Das berufliche Ausbildungssystem ist rudimentär. Mit Ausnahme des öffentlichen Sektors ist das allgemeine Qualifikationsniveau gering.

Der Binnenmarkt ist klein. Die Exporte machen nur fünf Prozent der Importe aus. Die interne Verschuldung des Staates beträgt über 80 Prozent des Bruttoinlandsproduktes. Die Außenverschuldung ist eine schwere Last: Ihre Tilgung verbraucht 80 Prozent der Exporterlöse. Die Arbeitslosigkeit beträgt offiziell 25 Prozent, sie wird aber als höher eingeschätzt. Vor allem die Jugendarbeitslosigkeit ist besorgniserregend: Fast 30 Prozent der jungen Leute zwischen 14 und 24 Jahren sind ohne Beschäftigung. 30 Prozent der Bevölkerung lebt in Armut, davon gilt die Hälfte als extrem arm.

Die Bevölkerung wächst schnell. Das hohe Bevölkerungswachstum relativiert alle Entwicklungserfolge: Man braucht mehr Schulen, Lehrer, Krankenhäuser, Arbeitsplätze, mehr Investitionen aller Art, um Schritt zu halten. Kap Verde exportiert außer Fisch, Salz und Textilien in Lohnveredelung fast nur Arbeitskraft in Gestalt der Emigranten. Die Überweisungen der Auswanderer und internationale Hilfsleistungen erhalten das Land am Leben. Aber die Industriestaaten lassen immer weniger fremde Arbeitskräfte einreisen. Es ist fraglich, ob die Überweisungen der Emigranten für immer stabil bleiben. Hilfe von außen ist nicht unbegrenzt verfügbar und wird in Zukunft eher abnehmen. Auf Dauer benötigt das Land ausreichende Einkünfte aus eigener Kraft.

Das Potential Kap Verdes sind seine Landschaften, die Strände, das Meer und gutes Wetter, eine noch nicht durch Industrie und Bebauung zerstörte Umwelt und eine Bevölkerung, die noch nicht völlig dem „modernen" Lebensstil und dem Prinzip der kapitalistischen Profitmaximierung verhaftet ist. Dies ist nach bestimmten Maßstäben vielleicht wenig, aber es ist auch viel zugleich.

Welche Länder bieten noch unberührte Strände, weite unbewohnte Landschaften, Wärme, Stille und ein kaum vom Menschen gestörtes Zusammenspiel von Wasser, Sonne und Wind, einschließlich einer demokratischen Gesellschaft, stabiler gesellschaftlicher Verhältnisse, ohne besondere gesundheitliche Bedrohung und Epidemien und ohne die Gefahr von Krieg und Bürgerkrieg? Kap Verde hat damit fast alles, was der europäische Urlauber erwartet, nämlich schönes Wetter und Exotik ohne großes Risiko in akzeptabler Reichweite. Es liegt also nahe, daß sich ein solches Land auf seine „komparativen Vorteile" konzentriert und sich der Entwicklung des Tourismus verschreibt, da es wahrscheinlich nur auf diesem Gebiet international konkurrenzfähig sein kann. Sind nicht die Kanaren ein Beweis dafür, daß der Tourismus Wohlstand und Entwicklung bringt?

Noch ist die Bedeutung des Tourismus als Wirtschaftsfaktor, verglichen mit dem Potential, gering. 1999 lag sein Beitrag zum Bruttosozialprodukt bei etwa vier Prozent, und im selben Jahr besuchten fast 70.000 Touristen das Land, wobei Portugiesen, Italiener, Deutsche und Franzosen die stärksten Gruppen stellten. Für das Jahr 2000 rechnete die Regierung mit etwa 90.000 Touristen. Die Verteilung der Besucher nach ihrem Hauptziel ist unausgewogen, was den unterschiedlichen touristischen Entwicklungsstand zeigt: Sal nimmt fast die Hälfte auf, Santiago besuchen knapp über 20 Prozent, S. Vicente knapp über zehn und Boavista sieben Prozent.

Mit Ausnahme der Hotels auf Sal, einer oder zweier Anlagen auf Praia und Boavista und von Einzelfällen auf anderen Inseln, die teils auch in diesem Buch vorgestellt werden, ist Kap Verde auch touristisch ein Entwicklungsland. Selbst bei den zwei besten Hotels in der Hauptstadt kann man sich darüber streiten, ob sie wirklich internationalen Standard bieten und ihren Preis wert sind. Auf den entlegenen Inseln muß man oft schon froh sein, wenn man überhaupt ein Zimmer bekommt.

Nicht nur Hotels sind ein Problem. Es fehlt allgemein eine leistungsfähige touristische Infrastruktur. Dieser Mangel beruht zum größten Teil darauf, daß die Infrastruktur des Landes überhaupt unterentwickelt ist. Es gibt keinen Bereich in Kap Verde, der nicht gravierende Defizite aufweist: sei es der Verkehr, die Müllabfuhr, die Versorgung mit Wasser und Elektrizität, oder das Gesundheitswesen.

Eines der ganz großen Probleme ist das Transportwesen. Die internationale Verkehrsanbindung ist äußerst eingeschränkt. Kap Verde hat nur einen internationalen Flughafen, was bedeutet, daß nur Sal von Düsenflugzeugen angeflogen werden kann. Alle anderen Inseln haben Flughäfen, die nur für Propellerflugzeuge ausgelegt sind. Die Flughäfen auf Brava, Santo Antão sowie der zweite Flughafen auf Fogo (Mosteiros) werden wegen technischer Probleme überhaupt nicht genutzt. Selbst die Hauptstadt hat nur einen Propellerflughafen und kann, außer über eine unzureichende Verbindung nach Dakar, nicht direkt vom Ausland erreicht werden. Die Flughäfen haben, mit Ausnahme von Sal, Praia und Mindelo, keine Pistenbeleuchtung, so daß sie bei Dunkelheit nicht benutzt werden können. Die Leistungsfähigkeit der kapverdischen Seehäfen ist aus touristischem Blickwinkel ebenfalls schwach. Es gibt so gut wie keine Infrastruktur zur Versorgung von Segelyachten.

Zwischen den Inseln des Archipels sind die Verkehrsverbindungen unzureichend, sowohl über See wie auch in der Luft. Die kleineren Inseln wie Fogo, Brava, Boavista, Maio und São Nicolau sind vergleichsweise schwierig zu erreichen. Dies ist nicht nur für den Touristen unangenehm. Es ist auch eine Beeinträchtigung für die Einheimischen und behindert die wirtschaftliche Entwicklung des Archipels.

Die Natur trägt ihren Teil zu diesen Schwierigkeiten bei. Im Winterhalbjahr ist der Kanal zwischen Fogo und Brava häufig so unruhig, daß selbst hochseetüchtige Fähren ihn aus Sicherheitsgründen nicht durchqueren. Im Februar oder März legt sich feiner Staub, den der Nordostwind aus der Sahara heranträgt, wie ein trockener Nebel über die Inseln und verhindert über Tage jeden Flugverkehr. Auf Brava wurde der Flughafen direkt an der Küste so ungünstig angelegt, daß die Meeresbrandung die Piste unterspült, und selbst wenn dies nicht der Fall wäre, könnte man ihn die meiste Zeit des Jahres nicht nutzen, da an dieser Stelle starke Fallwinde auftreten. Wenn es in Kap Verde tatsächlich einmal regnet, dann so stark, daß die Flugzeuge weder starten noch landen können. Häufig streicht die nationale Fluggesellschaft auch ganz einfach Flüge zu den abgelegenen Inseln, weil ein Flugzeug woanders dringender gebraucht wird.

Die Landverbindungen sind generell in einem schlechten Zustand. Nur auf der Insel Sal und in Mindelo gibt es Asphaltstraßen. Ansonsten fährt man auf Kopfsteinpflaster. Dieses hält dem wachsenden Verkehr nicht stand, insbesondere der steigenden Beanspruchung durch Lastwagen. Aufbrüche, Verwerfungen und Schlaglöcher nehmen zu. Nach offiziellen Zahlen sind über 40 Prozent des Straßennetzes in schlechtem Zustand.

Man muß nur einmal vergleichen, wieviel Zeit man benötigt, um auf den Kanaren, die über ein erstklassiges Straßennetz verfügen, eine Insel zu umrunden, und was einem für dieselbe Kilometerzahl kapverdische Straßen an Zeit und Unbequemlichkeit abverlangen. Die meisten der Nebenstraßen sind Pisten, die nur mit einem geländegängigen Fahrzeug zu bewältigen sind. Insgesamt ist es also keine Freude und ein zeitraubendes Vergnügen, sich auf den Inseln zu bewegen.

Mit den Restaurants ist es nicht zum Besten bestellt. Auf entlegenen Inseln wie Fogo, Brava und Maio, und auch auf Santo Antão ist es nicht so ohne weiteres möglich, etwas zu essen, weil es in vielen Orten keine Restaurants gibt. In dem Hotel oder der Pension, in der man logiert, muß man vorab sein Essen bestellen, um sicherzugehen, daß man etwas bekommt. Beim Frühstück muß man vorbestellen, was man im Laufe des Tages zu sich nehmen will. An den Service darf man keine besonderen Ansprüche stellen; eine systematische Ausbildung in den Berufen, die für den Tourismusbereich nötig sind, gibt es nicht.

Das touristische Informationssystem ist völlig unzureichend.

Es fehlen Prospekte, Routenbeschreibungen, Veranstaltungskalender, Stadtpläne, markierte Wanderwege; kurzum all die Hilfsmittel, die der Tourist von etablierten Zielen kennt. Auch wenn es das eine oder andere Material gibt, so gilt doch meist der Grundsatz: Im Prinzip ja, im Moment aber nicht. Auf dem zentralen Platz in Praia steht zum Beispiel ein touristischer Informationsstand. Dessen Angebot schwankt beträchtlich. Selbst Postkarten sind meist nicht oder nur in sehr begrenzter Auswahl erhältlich. Nur mit Glück bekommt der Tourist das, was er gerade sucht. In den Städten fehlen Straßenschilder, so daß sich der Besucher nur mit Mühe orientieren kann. Praia und Mindelo bilden hier eine Ausnahme, aber selbst in diesen beiden wichtigen Städten ist die Beschilderung rudimentär.

Es fehlen zudem leistungsfähige einheimische Reiseagenturen und Führer, die das nötige Wissen über die natürlichen, geschichtlichen und kulturellen Besonderheiten ihrer Region haben und dieses auch in den wichtigen europäischen Fremdsprachen vermitteln können.

Auf den meisten Inseln hapert es mit der ärztlichen Versorgung. Meist ist nur eine Grundversorgung in Form einer Gesundheitsstation vorhanden. Lediglich das Hauptkrankenhaus in Praia bietet weitergehende Möglichkeiten. Bei den schlechten Verkehrsverbindungen können sich in Notfällen Situationen ergeben, wo die schnelle und sachgerechte ärztliche Versorgung nicht gesichert ist.

Diese Unzulänglichkeiten haben durchaus ihren Reiz, wenn man einmal davon absieht, daß eine lückenhafte medizinische Versorgung auf viele Reisende beunruhigend wirkt. Man ist herausgefordert und erlebt das Land nicht abgeschottet durch die Scheiben klimatisierter Komfortbusse und in den eingefahrenen

Geleisen routinierter Führer. Man kommt näher heran an das tägliche Leben, soweit das als Tourist überhaupt möglich ist. Das Erlebnis Kap Verde ist, mit der Ausnahme des beginnenden Massentourismus auf Sal, weniger durch Touristikunternehmer geglättet, weniger durch „Folkloreabende" und künstliche Spontaneität gekennzeichnet.

Die derzeitigen Verhältnisse des Landes begünstigen den Individualtourismus oder den Tourismus in kleinen Gruppen. Sie sind geeignet für diejenigen, die sich gerne abseits ausgetretener Pfade bewegen und die bereit sind, für mehr Authentizität auf bestimmte Bequemlichkeiten zu verzichten: Warmes Wasser ist nicht in allen Unterkünften verfügbar und vielleicht gibt es überhaupt kein Wasser aus der Leitung; es ist nicht immer bequem, in einem überfüllten Aluguer zu schwitzen; in der unmittelbaren Nachbarschaft des Hotels wird vielleicht gerade bis in die Nacht gefeiert mit einer Lautsprecheranlage, die in Diskothekenlautstärke wummert; am Morgen kann man nicht bis um neun Uhr schlafen, weil sich um sieben Uhr die ersten Einheimischen vor dem Fenster versammeln und mit lauter Unterhaltung auf die Aluguer warten; das Gericht, das man immer schon essen wollte, steht zwar auf der Speisekarte, ist aber nicht verfügbar; als Nachtisch gibt es nur Ziegenkäse und kandierte Papaya, und die Klimaanlage funktioniert genau dann nicht, wenn man sie am nötigsten bräuchte.

Dies sind die kleinen Widrigkeiten, auf die man sich einstellen muß, und die vielen den Genuß verderben. Der Wunsch, beides zu haben, nämlich Ursprünglichkeit und Authentizität, aber ohne Einbuße am normalen Komfort, ist in Kap Verde meist nicht zu verwirklichen.

Im Oktober 2000 wurde auf der Insel Fogo ein Workshop über

die Entwicklung des Tourismus in der Region Fogo und Brava durchgeführt. Der touristische Entwicklungsplan, der auf diesem Seminar diskutiert wurde, zählt minutiös die Defizite auf, unter denen die Region leidet. Wenn man sich den Katalog mit den Maßnahmen anschaut, die für erforderlich gehalten werden, um die Engpässe und Beschränkungen der Infrastruktur zu beseitigen und den Inseltourismus durchgreifend zu entwickeln, dann wird klar, daß enorme Investitionen und umfangreiche administrative und organisatorische Maßnahmen erforderlich sind. So wird zum Beispiel vorgeschlagen: Bau bzw. Reparatur von Straßen, Bau neuer Häfen, bessere Koordinierung von Wasser- und Luftverbindungen, Elektrifizierung bisher nicht versorgter Gebiete, Verbesserung des Energie- und Wasserversorgungssystems, der Abfallbeseitigung und der Stadtreinigung; Ausbildung des im Tourismus beschäftigten Personals in den Bereichen der Gastronomie, wie Bedienung, Rezeption und Fremdsprachen; Verbesserung des touristischen Marketing; Rehabilitierung der historischen Zentren und Organisation kultureller Aktivitäten wie z.B. Festivals.

Viele kapverdische Bekannte in verantwortlichen Positionen betonten in Gesprächen immer wieder, daß für Kap Verde eigentlich nur ein Tourismus der kleinen Zahlen in Betracht kommt und daß man bei der Entwicklung des Tourismussektors generell behutsam und sanft vorgehen muß. Die Vision, daß die Inseln überschwemmt werden von Touristenscharen, ist angesichts der geringen Bevölkerungszahl verständlich. Man befürchtet, daß man den Geist aus der Flasche läßt und ihn dann nicht mehr zurückschicken kann.

Hier zeigt sich die generelle Angst vor tiefgreifenden Veränderungen, die man in allen Gesellschaften findet. Man weiß, daß man sich in einem Sektor bewegt, den man selbst kaum kennt und den man in all seinen Konsequenzen nicht übersieht. Es spielt vielleicht bei dem einen oder anderen auch die Überzeugung mit, daß man im Großen und Ganzen so schlecht nun auch wieder nicht lebt, wobei es ja nicht garantiert ist, daß der enorme zusätzliche Aufwand und seine gesellschaftlichen Auswirkungen im richtigen Verhältnis zum Ertrag stehen.

Die einfache Bevölkerung sieht natürlich zunächst die unmittelbaren Vorteile. Wo Hotels gebaut werden, da benötigt man Arbeitskräfte. Arbeit verschafft Einkommen und ein besseres Leben. Aber der Bau ist nur der erste Schritt. Dann kommen die Touristen und mit ihnen die Probleme.

Sal ist der Bezugspunkt, gewissermaßen das Labor, in dem Kap Verde seinen Weg in den Tourismus exemplarisch erprobt. Im Frühjahr 2001 verbrachten durchschnittlich etwa zweitausend Touristen täglich auf Sal ihren Urlaub mit Schwerpunkt in Santa Maria, eine Zahl, die absolut nicht bemerkenswert ist, relativ gesehen bei einer einheimischen Bevölkerung von 15.000 Menschen aber durchaus ihre Bedeutung hat. Zu dieser Zeit eröffnete die Zeitung „A Semana", die derzeit einflußreichste in Kap Verde, eine Diskussion um die negativen Folgen des Tourismus auf dieser Insel.

Die Zeitung hob in ihrer Ausgabe vom 23. März hervor, daß sich die Situation in Sal grundlegend zum Schlechteren entwickelt habe und zählte folgende Erscheinungen auf: Prostitution und beginnender Sex-Tourismus, steigender Drogenkonsum unter Einheimischen und speziell auch unter Jugendlichen, steigende Häufigkeit von Überfällen und Einbrüchen; Vandalismus und Umweltverschmutzung wegen unzureichender Vorsorge und fehlender Investitionen im Umweltbereich. Kritisiert wird der rasante Anstieg der Lebenshaltungskosten, bei dem die Bevölkerung nicht mehr mithalten könne, so daß es schon schwierig sei, Grundnahrungsmittel wie Fisch, Reis und Eier in den Touristikzentren zu bezahlen; so müssten die Einheimischen bereits in die Hauptstadt Espargos ausweichen, weil dort das Preisniveau wesentlich niedriger sei, und die Restaurants, Bars und Diskotheken könne man wegen der hohen Preise sowieso nicht besuchen. Symptomatisch ist die Feststellung, daß die Einwohner die anderen Sitten und Verhaltensweisen der Besucher und ihre Übernahme befürchten, und daß sich die Älteren wehmütig an die Zeiten erinnern, wo man jeden beim Namen kannte, dem man auf der Straße begegnete. Zusammengefaßt wurde die Stimmung in dem Satz: „Wir sind Touristen in unserer eigenen Stadt."

Hier mag das eine oder andere überspitzt formuliert sein, aber die Tendenz ist deutlich: Man hat das Gefühl, daß die Entwicklung nicht mehr steuerbar ist, daß sie in den Händen der großen Touristikkonzerne liegt, und daß eine Subkultur entstanden ist, die mit dem Rest der Insel kaum etwas gemein hat.

Es wird auch vorgebracht, daß sich die gebirgigen und zerklüfteten Inseln nicht für einen Massentourismus eignen, als dessen abschreckendes Beispiel der Strand- und Spaßtourismus à la Mallorca oder Gran Canaria gilt. Außer Sal, Maio und Boavista bieten die anderen Inseln in der Tat nicht die weiten Strände, die für die Mehrzahl der Touristen als ideale Grundlage eines Urlaubs in diesen Breiten gelten. Vielen Verantwortlichen schwebt ein sogenannter „ländlicher Tourismus" vor, der sich den vorhandenen gesellschaftlichen Strukturen anpaßt, statt sich diesen überzustülpen. Aber auch der ländliche Tourismus braucht Strukturen und Installationen, die Staat und Gemeinden schaffen müssen, und eine geordnete Vorgehensweise.

Hinter der Idee des ländlichen Tourismus, den auch Entwicklungsorganisationen in verschiedenen Untersuchungen propagieren, steckt die Überzeugung, daß die einheimische Bevölkerung, eben auch „der kleine Mann", direkt an der Entwicklung des Landes teilnimmt, und daß in breitem Rahmen und auf möglichst breiter Basis und mit Eigenverantwortung Arbeit und Brot geschaffen wird.

Ansätze gibt es schon: Kleine Privatpensionen sind oft Hotels vorzuziehen und in vielen Orten ohnehin die einzige Übernachtungsmöglichkeit; eine Hausfrau hat in einem Dorf ihr Wohnzimmer in ein bescheidenes Restaurant umgewandelt und kocht auf Bestellung die einfachen Gerichte des Landes ohne europäischen Firlefanz, und einheimische Kunsthandwerker bieten ihre Produkte in einem kleinen Ausstellungsraum an. Es sind bescheidene Anfänge, aber sie zeigen, daß man etwas tun kann.

Welchen Umfang der Tourismus auch immer annehmen soll, eines liegt auf der Hand: Die Inselregierungen können die nötigen Investitionen nicht aus eigener Kraft erbringen, und die Zentralregierung hat nicht ausreichend Mittel, um die übergeordneten Infrastrukturmaßnahmen zu finanzieren. Die einheimische Unternehmerschaft ist zu kapitalschwach, sie hat angesichts des unterentwickelten Kapitalmarktes kaum Möglichkeiten, Investitionen über Kredite zu finanzieren, und ihr fehlt das Wissen, um wirklich konkurrenzfähig zu sein. Der Tourismussektor kann ohne ausländisches Kapital und Know-how nicht entwickelt werden.

Damit übernehmen die Investoren eine große Verantwortung. Sal zeigt deutlich, daß Regional- und Zentralregierung bislang überfordert waren, um die Entwicklung der Insel koordiniert und planmäßig zu steuern und dabei langfristige Aspekte wie Umwelt und Nachhaltigkeit zur Geltung zu bringen. Es wäre Sache der großen Investoren, auf diese Aspekte zu achten. Die kapverdischen Funktionsträger verfügen entweder nicht über das nötige Bewußtsein und aufgrund mangelnden Wissens auch nicht über den nötigen Weitblick, oder sie sind zu entscheidungsschwach, um die entsprechenden Maßnahmen durchzusetzen. Häufig kommt beides zusammen, und oft fehlt überhaupt das Interesse an diesen Fragen.

In der Regel treten Investoren mit Deklarationen an, wonach alle Aspekte der Umweltverträglichkeit, einer sanften Entwicklung und des Grundsatzes Qualität vor Masse berücksichtigt werden sollen. Oft überwiegen aber kurzfristige Rendite- und Profiterwartungen. Welchen Sinn außer dem des schnellen Profits macht es, wenn eine Hotelkette im Rahmen einer Privatisierung ein Hotel übernimmt und nichts in das Unternehmen investiert, dafür aber die Preise um das Dreifache erhöht?

Viele der Interessenten, die auf Kap Verde investieren und im größeren Stil einsteigen wollen, kommen von den Kanarischen Inseln. Ihnen ist es dort mittlerweile zu laut und zu teuer geworden. Die Gewinnerwartungen sind nicht mehr attraktiv. Man hat gut am jahrzehntelangen Boom verdient, aber nun ist die Luft heraus.

Kap Verde erscheint in dieser Perspektive als Eldorado. Man glaubt, die Entwicklung der Kanaren, um 30 Jahre versetzt, wiederholen zu können. Es herrscht eine Goldgräberstimmung. Jeder will der Erste sein, um von dem erwarteten Boom zu profitieren. Aber da ist ein Widerspruch: Man flieht vor den Ergebnissen einer Entwicklung, an der man selbst beteiligt war, um sie an einer anderen Stelle zu wiederholen.

Nun ist nichts dagegen einzuwenden, wenn jemand Geld verdienen will und sich die Orte aussucht, wo er glaubt, dies am besten verwirklichen zu können. Mit den Erfahrungen und dem Wissen, das in den Industrieländern bereitliegt, können wir die negativen Entwicklungen, über die wir uns selbst erst klar werden mußten, von Anfang an vermeiden. Letztlich ist es eine Frage der Ethik und der Selbstbeschränkung, wie stark man bereit ist, auf das Land und die Gesellschaft, in die man investiert, einzugehen und sie nicht nur als Mine zu sehen, aus der man seine Schätze fördert. Das Konzept des All-inclusive-Urlaubs ist unter diesem Gesichtspunkt sicherlich die schlechteste Alternative.

Aus meiner Sicht ist es Aufgabe der Regierung, dafür zu sorgen, daß sich das Land touristisch kontrolliert und harmonisch und vor allem auch unter gleichberechtigter Teilnahme der Bevölkerung entwickelt. Der Leitsatz, auch wenn er idealistisch ist und nur unvollkommen realisiert werden kann, sollte sein: Jede Investition ist ein gemeinsames Unternehmen im weitest zu verstehenden Sinn. Der ausländische Kapitalgeber ist wichtig, aber ohne die natürlichen Ressourcen der Inseln, das Meer, den Sand, die Sonne und vor allem die Menschen ist sein Kapital wertlos. Auf diese Ressourcen muß er Rücksicht nehmen, in seinem Interesse und dem seiner Partner, und er sollte sein Unternehmen nach dem Grundsatz des fairen Gebens und Nehmens führen.